Rozmowy z Bogiem

RAVI

Neale Donald Walsch

Rozmowy z Bogiem

tom IV

Tytuł oryginału:
An Unexpected Conversation with God

Przekład: Sławomir Studniarz
Redakcja: Bronisław Grzywacz
Korekta: Maria Kąkol
Skład: Norbert Młyńczak
Druk: Drukarnia im. A. Półtawskiego

ISBN 978-83-7229-681-8
Wydanie I, Łódź 2020

Wydawca: Esse sp z o.o., ul. Krokusowa 3, 92-101 Łódź
Współpraca: JK Wydawnictwo sp. z o.o. sp. k.

DEDYKACJA

Tym, którzy widzą, że ani
ich życie, ani ich świat
nie są tak wspaniałe, jakie były w zamyśle,
ale wiedzą, że *mogą* takie być,
i teraz postanawiają to sprawić.

Od autora

Zdaję sobie sprawę, że w poprzedniej książce, która ukazała się w ramach Rozmów z Bogiem – Home with God in a Life That Never Ends, napisanej i wydanej dziesięć lat temu – dałem wyraźnie do zrozumienia, że na niej kończą się moje „rozmowy z Bogiem" i nie planuję napisania ani wydania następnej książki w tym cyklu. Lecz życie to układanka, której wzór nieustannie się zmienia, a zważywszy na to, że wszyscy stanowimy Jedno z Bogiem, mamy możliwość stworzenia, jakby nazwali to filmowcy, „alternatywnego zakończenia" każdej historii. Najwyraźniej coś podobnego zdarzyło się w tym przypadku. Na poziomie Nadświadomym (na którym działa Dusza) zapadła nowa decyzja.

Mogłem zachować swą najnowszą rozmowę z Bogiem dla siebie, ale wszystko we mnie się przeciw temu buntowało. Rozpowszechniając jej dosłowny zapis, czuję, że spełniam daną Bogu obietnicę, iż zrobię wszystko, co w mojej mocy, żeby udostępnić światu najważniejsze przesłanie, jakie kiedykolwiek otrzymałem, i że dzięki płynącej z niego mądrości miliony ludzi na całym świecie będą mogły zmienić na lepsze swoje doświadczenie codziennego życia.

Mimo że wszystkie religie świata, a przynajmniej te główne, głoszą, że w dziejach ludzkości miały miejsce Boskie objawienia, doskonale rozumiem zastrzeżenia tych, którzy uważają, że tak doniosłe i zaszczytne wydarzenie nie mogłoby stać się udziałem kogoś takiego jak ja, zwykłego człowieka pełnego wad i ułomności. Jednak zawsze podkreślałem, że nie ja jeden prowadzę rozmowę z Bogiem, czynimy to wszyscy, przez cały czas, lecz większość z nas po prostu inaczej to nazywa.

Wszyscy mamy dostęp do źródła najwyższej mądrości, które kryje się wewnątrz nas. To źródło jest tożsame z Bogiem, który działa w nas i poprzez nas. Wyraża to zwięźle w naszym pierwszym dialogu sam Bóg:

„Przemawiam do każdego człowieka. Nieustannie. Rzecz nie w tym, *do kogo się zwracam*, ale *kto mnie słucha.*"

Dlatego proszę was, żebyście nie zważali na budzący się być może w was sceptycyzm dotyczący źródła zawartych tu informacji, tylko raczej zastanowili się nad tym, czy przedstawione spostrzeżenia i rady mają jakąkolwiek wartość w odniesieniu do osobistego życia każdego z nas, a także w wymiarze ogólnym; czy są przydatne w zrozumieniu życia jako takiego.

W tej książce wiele się mówi o życiu i umieraniu oraz o tym, co się z nami dzieje po śmierci. Zawiera ona mnóstwo metafizycznych rozważań. Zapewne nigdy przedtem nie przyjmowałeś naraz takiej dawki metafizyki. Czytając ten dialog, być może pomyślisz sobie: „Nieważne, czy to fikcja czy fakt, to po prostu jest fascynujące", ale zaraz potem zadasz sobie słuszne pytanie: „Ale jaki właściwie pożytek płynie z całej tej wiedzy? Jaki to wszystko może mieć związek z poprawą jakości życia pojedynczego człowieka, a zwłaszcza poprawą jakości życia wszystkich mieszkańców Ziemi?"

Dołożyłem wszelkich starań – mam nadzieje, że to zauważysz – aby stawiane przeze mnie pytania dotyczyły nie tylko mnie, lecz by odnosiły się również do życia jak największego grona czytelników, by były jak najbardziej uniwersalne.

Wiem, że w dzisiejszych czasach, w sytuacji panującej obecnie na świecie, ludzie pragną i poszukują przesłania dającego nadzieję i wiarę, przynoszącego uzdrowienie i inspirującego do zmiany. W moim przypadku, ta najnowsza rozmowa z Bogiem odniosła taki właśnie skutek, dlatego pozwalam sobie ją upublicznić. Padło w niej sporo cierpkich słów na temat stanu, do jakiego doprowadziliśmy nasz świat i siebie samych, ale moim zamiarem nie było osądzać tylko oświecić, rzucić światło na to, co winniśmy dostrzec i co możemy zmienić.

Wiem, że zabrzmi to banalnie, ale Lepsze Jutro dla nas samych i dla naszej cywilizacji jest możliwe. Bardzo, *bardzo* możliwe. Musimy je tylko wybrać. Ta książka dowodzi, że dzieli nas od tego Jedna Decyzja. Mam nadzieję, że po jej przeczytaniu zdecydujecie się tę doniosłą decyzję podjąć.

Wstęp

2 sierpnia 2016 obudziłem się z głębokiego snu. Wyrwał mnie z niego przemożny impuls. Nie nachodził mnie od niemal dziesięciu lat, ale i tak od razu go poznałem. Nie miałem pojęcia, która jest godzina, ale pomyślałem sobie: „Jeśli jest 4:23, czy trzeba bardziej wymownego znaku?"

Spojrzałem na budzik na nocnym stoliku.

4:13.

Wszystko jasne. Miałem ledwie chwilę, żeby się ogarnąć, zanim stawię się na „spotkanie" wyznaczone na 4:23.

Mój pierwszy dialog z Bogiem rozpoczął się bowiem o 4:23 rano. Potem każdego ranka przez wiele tygodni między 4:15 a 4:30 budził mnie ze snu nieodparty wewnętrzny nakaz: *Ruszaj się, czas porozmawiać z Bogiem*.

Trwało to całe miesiące (a w rezultacie – całe lata). Ciekawiło mnie, czy pora, o której co rano wznawialiśmy dialog, miała jakieś znaczenie, ale w końcu przestałem się nad tym głowić.

Kiedy owoc tych pierwszych rozmów, jakie odbyłem z Bogiem i zapisałem na kartkach kilku żółtych notatników, ukazał się w druku (w trakcie toczącego się dialogu otrzymałem zapewnienie, że tak się stanie, więc, ośmielony, wysłałem materiał do wydawnictwa), uznałem, że być może za moją przyczyną wydarzyło się coś ważnego. A gdy po książkę sięgnął w sumie ponad milion czytelników i niebawem przetłumaczono ją na trzydzieści siedem języków, wstrząsnęła mną pewność, że tak jest istotnie.

Z czasem zaczęły napływać z zagranicy zaproszenia na odczyty, a do złożenia wniosku o paszport potrzebne było świadectwo urodzenia. Szukałem w moich osobistych papierach, ale na próżno. Zwróciłem się więc do urzędu stanu cywilnego w moim rodzinnym mieście. Poprosiłem o wystawienie nowego aktu i uiściłem należną opłatę.

Osłupiałem, kiedy otworzyłem kopertę i przyjrzałem się dokumentowi.

CZAS NARODZIN: 4:23.

A jakże.

Dostrzegłem sens w tym, że każdego dnia nawiązywałem łączność z Boskością z grubsza o tej samej godzinie, o której przyszedłem na ten świat. A przynajmniej okoliczność tę cechowała symetria, która wręcz biła po oczach.

Przez kolejne lata, ilekroć budziłem się nagle między 4:15 a 4:30 rano i, wpatrzony w sufit, czułem krążącą we mnie tę szczególną energię, wiedziałem, co się święci. Natychmiast się zrywałem, podbiegałem do laptopa i siadałem, gotowy na przyjęcie tego, co chciało się przeze mnie urzeczywistnić.

Podobnie było i tego dnia, 2 sierpnia 2016. Zsunąłem kołdrę i wstałem z łóżka. I oto siedzę przy klawiaturze. Sęk w tym, że już nigdy więcej nie miałem do tego wracać, tak przynajmniej sądziłem.

Pozwólcie, że wyjaśnię.

Każdy z nas prowadzi rozmowy z Bogiem, jak to nazwałem, i to bezustannie. Ta kwestia została jasno wyłożona już na 17 stronie z ponad 3000 stron dialogów z Bogiem, jakie ukazały się w druku. Zatem moje doświadczenie nie jest wyjątkowe, nie jest nadzwyczajne. Może *trochę* niezwykłe pod tym względem, że utrwaliłem w formie pisemnej przebieg tych tak głęboko osobistych spotkań, a następnie wysłałem to do wydawcy – ten zaś *wydrukował* ów zapis i umieścił go w księgarniach.

Zrozumiałem – i zarazem tego doświadczyłem – że każdego z nas łączy bliska i osobowa więź z Bogiem, i że w dowolnej chwili, kiedy tylko tego zapragniemy, możemy zwrócić się do Boskiej Istoty, poprosić o radę, pomoc, natchnienie i wsparcie. Taki był *cel tej książki.* Ukazała się po to, aby przedstawić to doświadczenie i otworzyć umysły ludzi, wszędzie, na całym świecie; zachęcić ich do zbudowania nowej, bardziej osobistej relacji z Bogiem.

Jednak przekonanie, że *muszę* odbyć taką rozmowę – że „nadszedł czas" na tego rodzaju obcowanie z Bogiem, o czym daje mi znać głębokie, wzbierające wewnątrz mnie uczucie, które nie sposób zbagatelizować – to zupełnie inna sprawa. Doświadczam tego w postaci uczucia, które ogarnia mnie *całego*, a od niemal dziesięciu lat nic takiego mi się nie przytrafiło. Zatem uznałem, że ten rozdział w moim życiu już jest zamknięty.

Och, wiedziałem, że coś jeszcze napiszę. Coś zawsze się znajdzie. Felieton w *Huffington Post.* Blog na CWG Connect. Wpis na Facebooku. Odpowiedź na czyjeś pytanie umieszczone na Ask Neale. A nawet książka, w której rozwijam otrzymane przekazy. Cokolwiek.

Ale kolejna utrwalona na papierze rozmowa z Bogiem? Kolejny dialog i wymiana myśli z Bóstwem? Myślałem, że tamte czasy minęły bezpowrotnie. Myślałem, że nic nowego nie można już dodać.

Byłem w błędzie.

1

Nie sądziłem, że znów się do tego zabiorę. Myślałem, że wcześniejsze rozmowy spełniły swoje zadanie.

To nie koniec, Mój Drogi. Zostało jeszcze jedno zaproszenie.

Dwa już przyjąłem: Zmień zdanie, jakie świat ma na temat Boga, i zwróć ludzi im samym. Myślałem, że to wszystko.

Wiem. Wtedy jeszcze nie nadeszła odpowiednia pora na trzecie.

A teraz?

Teraz nadeszła.

Teraz nadeszła?

Teraz nadeszła.

No dobrze, na czym polega trzecie zaproszenie? I czy to już ostatnie?

Tak, to już ostatnie. A przy okazji, te zaproszenia nie są skierowane tylko do ciebie. Są przeznaczone dla każdego – choć nie każdy je przyjmie.

Kto przyjmie to zaproszenie, zarazem się samookreśli.

Zawsze wiedziałem, że te przekazy są adresowane nie tylko do mnie. Tak samo te pierwsze dwa zaproszenia... wiedziałem, że wysłane są do wszystkich.

A oto trzecie i ostatnie zaproszenie. Albowiem to Idealny Czas na Postęp na waszej planecie.

To brzmi nader intrygująco, ponieważ wygląda na to, że jest wręcz odwrotnie. Można odnieść wrażenie, że nasza cywilizacja obecnie cofa się w rozwoju. Wydaje się, że jesteśmy wobec siebie mniej uprzejmi, mniej wyrozumiali, trudniej przychodzi nam zapanowanie nad swoimi zachciankami (nie mówiąc o panowaniu nad gniewem) tracimy kontakt z anielską stroną naszej natury.

Cieszę się, że to dostrzegasz, że tego doświadczasz, ponieważ jeśli zwracasz uwagę na to, co się dzieje z tobą i wokół ciebie – i reagujesz na to tak, jak podpowiada ci twój wewnętrzny zmysł – to nie ma powodu, żeby się martwić.

Cóż, w moim odczuciu sprawy mają się źle, ale nie wiem, czy mogę polegać na własnym osądzie. Nie mam pewności, czy widzę jasno. Tak czy owak, wiele się dzieje na tej planecie rzeczy, które moim zdaniem nie powinny się wydarzyć.

Mniejsza o to, co „powinno" lub „nie powinno" się wydarzyć. Chodzi o to, co się *dzieje, tu i teraz* – zarówno w wymiarze indywidualnym i głęboko osobistym, jak i w doświadczeniu zbiorowości zwanej ludzkością – i jak można zmienić, radykalnie, to, co w twoim mniemaniu jest najgorsze.

To Idealny Czas na to, żeby zabrać się do naprawy, albowiem to, co dzieje się wszędzie dookoła – w środowisku, w polityce, w gospodarce, w społeczeństwie, w życiu duchowym – pokazuje dobitnie i jednoznacznie, niezaprzeczalnie i wyraźnie, że trzeba działać. To jasne jak słońce.

Pora więc na Trzecie Zaproszenie.

Jestem gotowy. Wszyscy jesteśmy gotowi. Jak brzmi Trzecie Zaproszenie? Co mam zrobić?

Obudzić ludzkość.

2

Cóż, na pewno nie jest to zbyt śmiałe *wyzwanie.*

Czy jakieś wyzwanie może być zbyt śmiałe dla Boga?

Chodziło mi o mnie.

Mnie również.

Rozumiem, co masz na myśli.

Czyżby? A może zapomniałeś, Kim Jesteś...?

Skądże znowu. No może... w tym sensie, że nie postępuję odpowiednio. To znaczy, pojmuję na poziomie intelektu, że przebywa we mnie Bóg, że jestem Upostaciowaniem Jedni, lecz nie wykorzystuję tej prawdy w moim doświadczeniu

Warto zacząć.

W praktyce to nie takie łatwe.

Powtarzając to, utwierdzasz się w przekonaniu, że to prawda. Lecz nie zdołasz obudzić ludzkości, dopóki sam jesteś pogrążony we śnie.

Wiem, wiem...
Staram się, jak mogę.

Postaraj się bardziej. Teraz jest Idealny Czas na Postęp.

Uparcie to podkreślasz.

Zatem postarasz się bardziej? Ty i wszyscy pozostali?

Nie mogę wypowiadać się za innych, ale ja w to wchodzę. Powiedz mi, jak przyspieszyć proces przebudzenia? Nie ma chyba takiej osoby na Ziemi, które nie chciałaby się dowiedzieć, jak to osiągnąć.

Najszybciej można to sprawić stając się przyczyną szybszego przebudzenia innych.

Jak mogę stać się przyczyną przebudzenia innych, *jeśli* sam *się nie przebudziłem?*

To ciekawe. Przejawia się tu Boska Dychotomia. Polega ona na tym, że dwie pozornie wykluczające się prawdy mogą ze sobą współistnieć.

Tak naprawdę jesteś już obudzony, po prostu o tym nie wiesz. Więc w pewnym sensie *nie* jesteś obudzony.

Nie zdajesz sobie sprawy, że się przebudziłeś. Stąd poczucie, jakbyś wciąż śnił.

Mam wrażenie, że kręcimy się w kółko. Mogę prosić o wyjaśnienie?

Czy zdarzyło ci się, że słyszałeś hałas w środku nocy i myślałeś, że to dzieje się we śnie, po czym ze zdziwieniem spostrzegałeś, że w rzeczywistości nie śpisz?

Jasne. Wszystkim to się przytrafia.

No właśnie.

No dobrze. Umówmy się, że jestem obudzony, ale jeszcze o tym nie wiem. Co mogłoby sprawić, żebym uświadomił sobie, że nie śpię?

Na pewnie nie raz wyrwał cię ze snu lęk wywołany koszmarem?

Owszem. Wszyscy ludzie tego doświadczyli.

Podobnie teraz wdziera się do twej świadomości lęk wywołany rozwojem sytuacji na twojej planecie, która pod pewnymi względami stała się koszmarna.

Sam stwierdziłeś, że cofacie się w rozwoju.

Miałem na myśli to, co się dzieje w moim życiu, a nie w skali całego świata.

Dostrzeżenie zagrożeń dla planety to kluczowy krok. Uprzytamnia ci, że jesteś obudzony, a ten koszmar, to nie zły sen, lecz rzeczywistość, której już nie wybierasz.

Z każdym dniem stajesz się coraz bardziej świadomy tego, co się dzieje, a to pomoże ci przypomnieć sobie, Kim Jesteś, i zachęci cię do działania zgodnie z Twoją Prawdziwą Istotą.

Niczego więcej nie trzeba. Do tego, żeby na waszej planecie położyć kres koszmarowi w każdej postaci, wystarczy być obudzonym i o tym wiedzieć, i mieć poczucie, że można zaradzić temu, co się dookoła siebie widzi.

Ratowanie świata jest chyba ponad moje siły.

Tu nie chodzi o ratowanie świata. Tu chodzi o twoją osobistą duchową podróż, o twoją indywidualną ewolucję. Najbliższa przyszłość może okazać się najbardziej zachwycającym i fascynującym czasem w twoim życiu.

A świat naprawdę może się zmienić, może zostać „wybawiony" z opresji, za sprawą twego postanowienia, że będziesz postępować zgodnie z Twoją Prawdziwą Istotą, choć nie to będzie głównym celem.

Twój osobisty rozwój będzie głównym celem i powodem wszelkich zmian, jakie wniesiesz w sposób doświadczania przez siebie świata i oddziaływania na innych.

Jeśli twoim pragnieniem jest objawianie, Kim W Istocie Jesteś – a widzisz, że możesz to osiągnąć, działając na rzecz pomagania cierpiącym i uzdrowienia planety, kształtując lepszą przyszłość dla tych, których kochasz – wówczas nie przytłoczy cię „zadanie ponad siły", raczej zachwyci cię sposobność, przed którą postawiło cię życie w tej Idealnej Chwili na Postęp.

Trzecie Zaproszenie to propozycja, żebyś w ramach swej indywidualnej ewolucji, uprzytomnił tym licznym przedstawicielom swego gatunku, którzy już nie śpią, że się obudzili, a następnie natchnął ich do odpowiedniego działania, aby stanowili wzór postępowania i inspirację dla tych, którzy nadal śpią – i żebyś to czynił dlatego, że od tego zależy twój własny rozwój.

Dziękuję. Teraz to do mnie dotarło. Ale nurtuje mnie jedno pytanie. Jeśli tylu ludzi na świecie jest już przebudzonych, dlaczego nie postępują *tak, jak przystało na osobę w pełni przytomną? Chcesz powiedzieć, że nikt spośród nich – ani jedna osoba* – nie wie, *że jest obudzona? Myślą, że po prostu śni im się to, co niekiedy przybiera postać koszmaru zwanego „bieżącymi wiadomościami ze świata"?*

Nie. Wielu z nich wie, że to się dzieje w rzeczywistości, i jest świadomych tego, kim są i czego potrzeba, żeby wybudzić ze snu resztę.

Zgoda, ale pytanie pozostaje. Jeśli tylu ludzi wie, że się obudziło, to dlaczego świat tak wygląda? Sam mogę posłużyć za doskonały przykład. Codziennie robię rzeczy, wypowiadam słowa, miewam myśli, które żadną miarą nie pasują do zachowania osoby „przebudzonej". Jeśli, jak twierdzisz, wiem, że się przebudziłem, dlaczego tak się zachowuję?

Ponieważ świadomość własnego przebudzenia i wiedza to jedno, a wcielenie w życie wszystkiego, co się wie, to drugie.

Czasami – zwłaszcza w młodym wieku – kusi cię, żeby udawać, że nie wiesz, że wiesz. Albo gwiżdżesz na to, że wiesz.

A czasami po prostu zapominasz.

Czy twój ojciec powiedział ci kiedyś: „Dlaczego to zrobiłeś? Przecież masz swój rozum".

Oczywiście. Słyszałem to ze sto razy.

Teraz będzie sto pierwszy.

Posłuchaj, ludzkość to bardzo młody gatunek. W skali wszechświata jesteście jak dzieci stawiające pierwsze kroki. Robicie różne rzeczy, choć wiecie, że wam nie służą, ponieważ sprawia to wam frajdę. Albo zwyczajnie zapominacie, co wam wpojono.

Tak przedstawia się zbiorowe doświadczenie ludzkości na planecie zwanej Ziemią. A ty pozwoliłeś na to, żeby stało się również *twoim* udziałem jako jednostki, *mimo że masz swój rozum.*

Nie tylko dostrzegasz niekorzystne zachowania u innych, sam również sobie na takie pozwalasz.

A zakończenie tej dziecinady na pewno wyszłoby ci na zdrowie.

Wiem.

A ja wiem, że ty wiesz. To właśnie starałem ci się wyłożyć. Nawet ci, którzy przedtem *nie* wiedzieli, teraz wiedzą. Staje się to tak oczywiste, że nawet najmniej dojrzali przedstawiciele twego młodego gatunku nie mogą tego nie dostrzec, nie mogą nie przyjąć tego do świadomości, nie mogą udawać ignorantów.

A mimo to *nie postępujecie* tak, jakbyście wiedzieli. Nie wcielacie w życie tego, co wiecie. Zatem wiecie, ale nie zachowujecie się tak, jakbyście *wiedzieli,* że wiecie. Jesteście świadomi tego, Kim Jesteście, i Jak Jest Naprawdę, ale nie znajduje to odbicia w waszych czynach. Wciąż zachowujecie się tak, jakbyście chodzili we śnie.

Lecz jeśli nie chcecie uderzyć głową w mur albo spaść z urwiska, to warto uświadomić sobie fakt, że już się przebudziliście, a zagrożenia dla planety to nie sen. I to nie wasze urojenia czy mrzonki, że teraz jest Idealna Chwila na Skok Ewolucyjny.

Rozumiem! Tak długo to powtarzałeś, że w końcu załapałem. Założę się, że ci, którzy czytają teraz te słowa, również zrozumieli. To dobra nowina.

Zaiste. I podkreślam to z całą mocą.

Rzeczywiście się powtarzam. Nasz obecny dialog, do którego czułeś się zawezwany, ma na celu przywołanie ważnych słów, które padły z mojej strony w trakcie naszych poprzednich rozmów.

Chodzi o to, abyś jeszcze raz tego wysłuchał, i tym razem odebrał to jako *całość*. Chodzi o to, żeby dążąc do Pełnej Integracji wszystko ze sobą powiązać. Pozwoli ci to przyjąć Trzecie Zaproszenie z własnej i nieprzymuszonej woli.

A warto obudzić ludzkość, ponieważ teraz naprawdę jest Idealna Chwila na Postęp.

3

Dlaczego tak ci na tym zależy? Nie sądziłem, że Bóg zajmuje jakiekolwiek stanowisko w sprawach doczesnych.

Mam rozumieć, że nie jest ci wszystko jedno? Że obchodzi cię to, jak ułoży się moje życie i jaki obrót wezmą sprawy na naszej planecie? A skoro naprawdę jesteś Bogiem i Panem tego wszechświata i na czymś ci zależy, to dlaczego nie możesz tego sprawić?

Uważam to pytanie za zasadne, bo niektórzy mogą się w tym pogubić.

Każde pytanie jest zasadne. Masz sposobność, żeby swym działaniem przyczynić się do obudzenia innych, przede wszystkim dzięki temu, jak sam postępujesz. Albowiem to, co sobą manifestujesz, to, jaki jesteś, poruszy innych do żywego, a wstrząs sprawi, że dostrzegą swoje własne możliwości.

Mniejsze znaczenie będzie miało to, co mówisz innym, choć i to ma swoje zalety, albowiem odwaga w głoszeniu niepopularnych myśli i poglądów może wielu ludziom pokazać drogę do oświecenia.

Wracając jednak do twojego pytania: nie „chcę" przebudzenia ludzkości, ja w ogóle niczego nie *„chcę"*. Zrozum mnie dobrze. Bogu niczego nie brak. Bóg może mieć, cokolwiek zechce.

Bóg ma jednak pragnienia. Boskie Pragnienie napędza silnik tworzenia. Boskie Pragnienie jest motorem wszechświata.

Dobrze, w takim razie użyję tego słowa. Jeżeli „pragnieniem" Boga jest, żeby ludzkość się obudziła – a zakładam, że ma to na celu ocalenie i wzbogacenie jej istnienia – czy w takim razie można w ogóle wątpić, że tak się stanie?

Bóg nie pragnie jakichś określonych wyników, Bóg pragnie, żeby myślące istoty w Boskim wszechświecie miały moc tworzenia tego, czego one same chcą.

Gdyby wszystkie istoty myślące nie miały wyboru i posłusznie wykonywały polecenia Boga, żyłbyś w świecie maszyn. Automatów. Robotów. Androidów.

A to zniweczyłoby cel, dla którego Bóg powołał do istnienia istoty myślące – to mianowicie, że dają one Bogu możliwość doświadczenia Siebie takim, jakim jest: Obdarzonym Wolną Wolą Twórcą Swego Własnego Doświadczenia.

Trzeba zrozumieć – bez tego ani rusz – że Bóg jest i Stwórcą, i Stworzeniem. Nie da się oddzielić jednego od drugiego.

Wiem. Nie istnieje nic, co nie *jest Bogiem. Mam tego jasną świadomość.*

Święta prawda.

Zatem Bóg nie doświadcza aktu „tworzenia" poddając swojej woli wszystko, co się na Niego składa. Jest dokładnie na odwrót – daje swoim tworom wolną rękę i wyposaża je w moc powoływania do istnienia czegokolwiek, co im się zamarzy.

Pod tym względem Cząstki Boga objawiają fundamentalną cechę Całości:

Wolność.

Całkowitą wolność tworzenia, jak przystało na Czystego Twórcę, bez ograniczeń i zakazów.

Taką moc otrzymują wszystkie istoty myślące. Taką moc otrzymują istoty ludzkie.

Czy teraz rozumiesz? Nie jest moim pragnieniem, żeby ludzkość w pełni się przebudziła. Moim pragnieniem jest, żebyście zawsze mieli moc tworzenia, wyrażania i doznawania tego, czego *wy* zapragniecie. Jeśli to oznacza stan przebudzenia, świetnie. Jeśli przeciwnie, pragniecie dalej śnić, znakomicie. Ważne jest to, żeby ziściło się wam wedle waszego upodobania. Ja nie mam upodobań.

To dlaczego wysyłasz nam Trzecie Zaproszenie? To nie my przychodzimy do ciebie, wygląda na to, że to ty *przychodzisz do* nas.

Ależ przychodzicie do mnie. Prosicie mnie, *wszyscy* prosicie mnie o pomoc. Wasze słowa, myśli, modlitwy mówią dobitnie, że pragniecie odmienić swoje życie. I że chcecie, żeby inaczej żyło się na Ziemi.

Myślisz, że ja tego nie słyszę?

Wyraźnie widać, że jedynym sposobem na to, żeby twoje życie i życie całej zbiorowości zmieniło się na lepsze, jest powszechne przebudzenie. Zatem rzecz idzie teraz o przebudzenie.

Ale to *wasze* dążenie, *wasza* modlitwa, to wy tego chcecie. Moje zadanie polega po prostu na zadbaniu o to, żebyście mieli moc tworzenia tego, czego pragniecie.

Dlatego skierowałem do was Trzecie Zaproszenie.

Przykro mi, ale mimo wszystko wydaje mi się, że w tym zaproszeniu to ty *zwracasz się do* nas.

Wyjaśnię ci to. Ale najpierw odpowiedz mi na pytanie, ponieważ twoi czytelnicy też mogą się nad tym zastanawiać: Dlaczego to dla ciebie takie ważne? Dlaczego tak roztrząsasz kwestię, „kto poprosił kogo"?

Ponieważ jeśli to ty *przychodzisz do* nas, *można odebrać to jako nakaz, nie jako sposobność, polecenie, nie zaproszenie. Wiem, że ty nie nakazujesz ani nie rozkazujesz, ale twoje zaproszenie może przypominać niektórym sytuację z gangsterskiego filmu, na przykład, kiedy Don Corleone mówi: „Złożę mu propozycję nie do odrzucenia".*

Nie porównuję cię do gangstera, skądże znowu, ale przecież... kto odmówi *Bogu?*

Mnóstwo ludzi, prawdę mówiąc.

Żałuję, że spytałem... ale chciałbym wiedzieć, czy to jest „przykazanie" od Boga? Czy otrzymujemy polecenie?

Nie. Jak sam zauważyłeś, ja niczego nikomu nie nakazuję. Nie ma takiej potrzeby.

Spójrz na to od tej strony. Kiedy przyjaciel albo ukochana osoba puka do twych drzwi, *ty* poszedłeś do *nich* czy oni przyszli do ciebie?

Oczywiście, przyszli do mnie.

A gdy otwierasz drzwi i zapraszasz ich do środka, to jest to *nakaz* czy podyktowana miłością odpowiedź na ich pukanie?

Ładne porównanie. Brawo. Więc mówisz, że pukaliśmy do twoich drzwi.

Mój drogi, ty i połowa twych ziemskich pobratymców dobijacie się do nich, że mało ich nie wyłamiecie. Nie słyszysz najgłośniejszego obecnie wołania ludzkości?

„Pomocy! Ratunku! Niech ktoś pomoże nam się zmienić”.

Owszem, słyszę. Płynie prosto z mojego serca. Jak mogę nie słyszeć?

Dlatego wysłałem Trzecie Zaproszenie.

Mimo to znajdą się tacy, którzy powiedzą: Przecież jesteś Bogiem, a my zwykłymi ludźmi. Zamiast zapraszać nas, żebyśmy obudzili ludzkość, dlaczego sam *tego nie zrobisz?*

Powtarzaj im, aż zrozumieją: Rolą Boga jest wyposażenie was w moc urzeczywistniania tego, czego chcecie, a nie sprawianie *za was*, żeby to się urzeczywistniło.

Obdarzam was wolnością i narzędziami do tworzenia rzeczywistości, kształtowania przyszłości, osiągania założonych wyników.

Chodzi o to, żebyście nie wypadli z roli, a przecież jesteście Twórcami.

Nie zaprojektowałem was na podobieństwo robotników pracujących przy taśmie montażowej, składających podzespoły w całość według wzoru mojego autorstwa. Moim zamysłem od samego początku było postawienie was przy stole kreślarskim, żebyście wymyślali własne projekty.

W takim razie to ty stoisz przy taśmie w fabryce, montujesz to, co my *zaprojektowaliśmy.*

Teraz kolej na mnie: „Ładne porównanie".

Za sprawą taśmy montażowej konstruktor urzeczywistnia swoje pomysły. Jednak w tym przypadku obowiązują pewne ograniczenia. Nie złożę w całość podzespołów, jeśli grozi to wybuchem fabryki.

Rzecz jasna, mówię w przenośni.

Czyli możemy położyć kres naszemu istnieniu na Ziemi...

... jeśli taki jest wasz wybór...

... ale „taśmy montażowej" nie możemy „rozmontować".

Otóż to. Trafnie to ująłeś.

Zatem, odwołując się do twojej metafory, Trzecie Zaproszenie ma zapobiec spaleniu przez nas kreślarskiego stołu.

Dokładnie. I uzmysłowić wam, że niektórzy z was – drobny ułamek, lecz wystarczający do stworzenia zagrożenia dla was wszystkich – zachowują się jak dzieci bawiące się zapałkami.

Uhm.

Tak. I dlatego teraz jest Idealna Chwila na Skok Ewolucyjny.

Bo zaczynamy odczuwać swąd spalenizny?

Zgrabna metafora.

Owszem, widać już dym, lecz jeszcze nie jest za późno, żeby odebrać im zapałki.

4

Wiem, że nasze działania mogą na to nie wskazywać, ale ludzie naprawdę chcą przetrwać. Dlatego tak wołamy o pomoc. Uważa się, że „instynkt przetrwania" to pierwotny instynkt naszego gatunku.

Tak naprawdę co innego stanowi wasz pierwotny instynkt. Gdybyście się nim kierowali, przetrwanie waszego gatunku nie stałoby pod znakiem zapytania. Byłoby zagwarantowane.

Wiem.

Pierwotnym instynktem ludzkości jest wyrażanie przez każdego człowieka jego Prawdziwej Tożsamości, czyli Boskości.

W kategoriach ludzkich przekłada się to na Czystą Miłość. Miłość nieobwarowaną warunkami i przejawiającą się bez względu na okoliczności.

Ten podstawowy odruch sprawia, że gdy ludzie słyszą płaczące dziecko w płonącym budynku, to nie uciekają, tylko biegną je ratować.

W podobnych sytuacjach, kiedy należy podjąć natychmiastową decyzję, która zapada na najwyższym duchowym „szczeblu", ludzie na ogół nie obliczają swoich szans na przeżycie. Robią to, co wypływa z ich Prawdziwej Natury.

W takich chwilach pojmujesz, że nijak nie możesz przestać istnieć. Twój duch, istota tego, Kim Jesteś, będzie żyć wiecznie i nie masz co do tego żadnych wątpliwości. Bowiem nie o przetrwanie tu chodzi. Chodzi nie o to, *czy*, ale *jak* będziesz żył – przez następne dwadzieścia lat lub przez następne dwadzieścia minut.

Oczywiście, nie da się zaprzeczyć, że możesz odczuwać silne pragnienie pozostania w swej obecnej fizycznej postaci dłużej niż następne dwadzieścia minut, ale podstawowy odruch wyrażania Boskości poprzez uosobienie tu i teraz bezwarunkowej miłości zwycięża i przeważa nad tym pragnieniem.

Niestety, w zwyczajnych okolicznościach niewielu przedstawicieli twego gatunku doświadcza takiej jasności, w istocie są to pojedyncze przypadki.

Łatwo zagubić się w labiryncie życia. Tylko w kryzysowej sytuacji, kiedy waży się ich albo cudzy los, ludzie działają „bez namysłu". Dosłownie, bo zdają się całkowicie na impuls płynący z Duszy.

Gdyby ludzie w każdej chwili zdawali się na impuls płynący z Duszy, z dnia na dzień powstałoby Niebo na Ziemi. Wystarczyłoby po prostu postrzegać każdą minutę każdego dnia jako Chwilę, w Której Płonie Budynek. Moment, w którym łatwo i natychmiast nawiązujemy kontakt z anielską stroną naszej natury.

Tak właśnie będą postępować ci, którzy samookreślili się jako jednostki z własnego wolnego wyboru wspomagające proces przebudzenia ludzkości. W każdym momencie będą zdawali się na impuls płynący z Duszy i do tego samego będą zachęcali innych, starając się przy tym własnym przykładem pokazywać, jak to robić.

Lecz nie zapominaj, że ludzkość to młody gatunek i niewielu spośród was rozumie, czemu służy wasz pobyt na Ziemi, ani nie przyjmuje do wiadomości konsekwencji wiecznego istnienia w Bogu.

Ludzie przedstawiają sobie wieczne życie, o ile w ogóle w nie wierzą, przeważnie w kategoriach wiecznej *nagrody albo kary*. Sprowadzają Boże Królestwo do poziomu merytokracji, ustroju opartego na zasługach. Zatem wyobrażają sobie świat nagrody albo kary, wcielając w fizycznym wymiarze istnienia ogląd Najwyższej Rzeczywistości zupełnie mijający się z prawdą.

Tak, wiem. Rozmawialiśmy o tych błędnych koncepcjach w naszych wcześniejszych dialogach.

Powróćmy jednak do stwierdzenia, które padło wcześniej, mianowicie, że większość z was pragnie, żeby ludzkość jako gatunek dalej istniała w swej obecnej fizycznej postaci.

Chcecie, żeby wasze dzieci i dzieci waszych dzieci korzystały z tych samych dobrodziejstw, jakie były waszym udziałem – miały możliwość życia na tej wspaniałej planecie, w pięknym i jedynym w swym rodzaju środowisku naturalnym, i wyrażania swej Istoty w tej szczególnej postaci.

Ale – o ironio! – chociaż powszechnie deklarujecie, że chcecie, żeby ludzkość istniała dalej i żyła w coraz większym dobrobycie, postępowanie wielu z was sprawia, że staje się to coraz trudniej osiągalne.

Nie jest to postępowanie celowe.

Przyjmijmy, że nie. I w tym tkwi szkopuł. Twój gatunek nie działa „celowo", jeśli chodzi o sposób życia na tej planecie każdego z was z osobna i jako wspólnoty. Mówicie jedno a robicie drugie.

I jest to najważniejsze wyzwanie, z którym musicie się zmierzyć, jeśli *naprawdę* chcecie wykorzystać tę Idealną Chwilę na Skok Ewolucyjny waszego gatunku, by dalej móc się cieszyć cudowną fizyczną egzystencją na Ziemi.

W tej sprawie faktycznie należy coś zrobić, ponieważ ta „fizyczna egzystencja" bynajmniej nie jest cudowna dla wielu przedstawicieli naszego gatunku.

Rozwiązania, które wprowadziliśmy, żeby wszystkim zapewnić lepsze warunki życia na tej planecie, na ogół nie przyniosły oczekiwanych rezultatów.

Ustroje polityczne, na przykład, wywołują ciągłe spory i zamęt. Prawa ekonomii wpędzają niektórych w coraz większe ubóstwo i pogłębiają przepaść między bogatymi i biednymi. Służba zdrowa nie potrafi zapewnić równego dla wszystkich dostępu do nowoczesnych leków i usług medycznych. Porządek społeczny odpowiedzialny jest za rozdźwięk i podział, nie mówiąc o powszechnej niesprawiedliwości.

A co gorsza, różne formy duchowości zrodziły u ludzi w wielu miejscach na świecie i pod wieloma postaciami zapiekłe przekonanie o własnej słuszności, ustrzącającą nietolerancję, zaraźliwą zawiść, głęboko zakorzenioną nienawiść i usprawiedliwioną w mniemaniu sprawców przemoc.

Czy teraz rozumiesz, co miałem na myśli mówiąc, że już się obudziłeś? Dostrzegasz sytuację z całą jasnością. Zdarzają się, oczywiście, wyjątki, ale na każdym kroku natknąć się można na dowody, że twoja ogólna ocena jest trafna.

5

Nie chcę skupiać się na tym, co „nie gra", ani „szukać dziury w całym". Lepiej porozmawiajmy o tym, jak łatwo ludzkość może zmienić tę sytuację, jeśli tylko „wrzuci wyższy bieg" w swej zbiorowej świadomości.

To będzie łatwe. Nadzwyczaj łatwe.

Lecz nie można „zmienić sytuacji", jeśli się nie wie, co dokładnie trzeba zmienić. Dlatego debata o tym, co się nie sprawdza, jest przydatna, pozwala bowiem dostrzec, które obszary wymagają naprawy.

Dotyczy to zwłaszcza tych, którzy pozostają „głusi, ślepi i niemi w obliczu zła" i zazwyczaj nie zaprzątają sobie głowy takimi sprawami.

Zgoda. Ale mogę wyobrazić sobie cały tłum apologetów wołających jeden przez drugiego: „Zaraz, zaraz! Przecież dokonaliśmy ogromnego postępu!". Wychwalaliby osiągnięcia ludzkości pod niebiosa. I twierdząc, że kiedyś było gorzej, w sumie mieliby rację.

A ty co byś im na to odpowiedział?

Rzekłbym: „Zgoda, ale czy to wszystko, *na co nas stać?". Czy w ten sposób można skwitować nasze globalne doświadczenie?* Kiedyś było gorzej*? Czy możemy przynajmniej przyznać, że nasz gatunek wreszcie się* ucywilizował?

Potem poprosiłbym ich, żeby sami to osądzili. I zwróciłbym im uwagę na informacje rzadko przedostające się do wiadomości ogółu. Problemy, o których myśli się rzadko i niechętnie.

Na przykład?

Na przykład to, że ponad półtora miliarda ludzi obecnie, w XXI wieku, jest pozbawionych elektryczności. Na przykład to, że więcej, bo ponad miliard sześćset milionów, nie ma dostępu do czystej wody. Na przykład to, że jeszcze więcej, bo ponad dwa i pół miliarda, żyje w domostwach bez toalet. Można by uznać, że po prostu nie korzystają oni z wygód cywilizowanego życia, gdyby ich warunki bytowe nie wywoływały tak tragicznych następstw. Każdego dnia *na świecie ponad dziewiętnaście tysięcy dzieci umiera z powodu chorób, którym można zapobiec, takich jak malaria, biegunka czy zapalenie płuc.*

I pozostaje jeszcze ten palący problem, który moglibyśmy rozwiązać z dnia na dzień, gdybyśmy naprawdę chcieli: co godzinę ponad sześćset pięćdziesięcioro dzieci umiera z głodu.

Osiemdziesięciu pięciu najzamożniejszych ludzi świata skupia w swoich rękach więcej bogactw, niż jest w posiadaniu trzech i pół miliarda najbiedniejszych... czyli połowy mieszkańców naszej planety... razem wziętych.

Wielu z nas nie widzi w tym nic złego i twierdzi, że to statystyczne wyliczenie nie ma nic wspólnego z wcześniejszymi danymi.

„A wy?", zapytałbym tych chwalców współczesnego świata. „Co o tym sądzicie? Jesteśmy cywilizowanym gatunkiem?".

I jaka twoim zdaniem byłaby odpowiedź?

No cóż, toczyłem już takie dyskusje. Napotykałem na opór u moich rozmówców. Zwłaszcza jeśli należeli do tej garstki ludzi, która skupia w swoich rękach lub kontroluje lwią część bogactw i zasobów świata.

Twierdzili, że bogaci próbują pomóc biednym. I rzeczywiście, często starają się, jak mogą. To nie w tych jednostkach tkwi skaza, lecz w instytucjach społecznych. Wadliwy jest ustanowiony „układ". Ekonomiczne struktury.

Jesteście młodym gatunkiem, wciąż jeszcze próbujecie się odnaleźć.

I do czego to prowadzi? Wielu z nas uznaje ludzkość za „cywilizowany" gatunek, mimo że wciąż produkujemy broń masowego rażenia i grozimy jej użyciem, a nasza globalna społeczność nie zdołała wypracować sposobu na pokojowe współistnienie. A ja się pytam: czy tak postępują istoty „cywilizowane"?

Wielu z nas uznaje ludzkość za „cywilizowany" gatunek, mimo że wciąż z rozmysłem zabijamy ludzkie istoty po to tylko, żeby udowodnić, że uważamy zabijanie z rozmysłem ludzkich istot za niedopuszczalne, i nie dostrzegamy tkwiącej w tym sprzeczności. A ja się pytam: gdzie tu sens?

Wielu z nas uznaje ludzkość za „cywilizowany" gatunek, mimo że wciąż twierdzimy, jakoby miłujący Bóg nie życzył sobie, aby dwoje kochających się ludzi mogło połączyć się węzłem małżeńskim, jeśli są tej samej płci, a nawet wtedy, gdy nie są tej samej płci, ale różnią się rasą, wyznaniem, kulturą, przynależnością plemienną. A ja się pytam: to tak rozumiemy miłość?

Wielu z nas uznaje ludzkość za „cywilizowany" gatunek, mimo że wciąż brutalnie zabijamy inne żywe stworzenia i zjadamy ich ciała, wmawiając sobie, że te stworzenia nie są na tyle samoświadome, żeby doświadczać „cierpienia" w warunkach, w jakich są hodowane, a następnie zarzynane – albo że nie ma znaczenia, czy cierpią, ponieważ ludzie mają nad nimi władzę *i mogą robić z nimi to, co im się podoba, jak im się podoba, kiedy im się podoba. A ja się pytam: czy tak określamy swoje człowieczeństwo?*

Wielu z nas uznaje ludzkość za „cywilizowany" gatunek, mimo że wciąż wdychamy i spożywamy rakotwórcze substancje, nie zważając na to, ilu z nas cierpi z powodu tego, co sami sobie zgotowali. Wciąż też nadużywamy alkoholu i przyjmujemy narkotyki, wmawiając sobie, że mamy je pod kontrolą, podczas gdy tak naprawdę tracimy tę kontrolę, widzimy za to, jak zmieniają naszą osobowość, podstawę naszego jestestwa. *A ja się pytam: czy to jest miarą naszej inteligencji?*

To właśnie te okoliczności, które przejawiają się tak wyraźnie, wręcz „biją po oczach", dowodzą, że nadeszła Idealna Chwila na Postęp.

Wcześniej – pięćdziesiąt czy choćby dwadzieścia lat temu – zanim Internet rozprzestrzenił się na cały niemal świat, a media społecznościowe objęły swym zasięgiem ogromne rzesze ludzi, niewiele osób dostrzegało te zagrożenia, mimo że już wtedy się objawiały.

Rozumiem, co masz na myśli. Nadeszła „odpowiednia chwila", żeby ludzkość naprawdę zabrała się do dzieła, bo teraz wszyscy mają dostęp do wiedzy – wcześniej była ona dostępna tylko nielicznym, działaczom organizacji pozarządowych, pracownikom instytucji akademickich i agencji rządowych – teraz wszyscy *mogą poznać prawdę o skali krzywd i zagrożeń.*

Czy godzi się, żeby w drugiej dekadzie XXI wieku, na planecie, której mieszkańcy uważają się za istoty rozwinięte, miliard sześćset milionów ludzi nie miało dostępu do czystej wody?

Sam widzisz, że nie da się rozwiązać problemów, jeśli nie wie się o ich istnieniu, i że publiczne poruszanie tych kwestii to chwalebna rzecz, albowiem stwarza doskonałe warunki do tego, aby wreszcie się nimi zająć i wymyślić rozwiązania.

Otóż to. Innymi słowy, konieczność matką wynalazku.

Mam przeogromną nadzieję, że dzieje ludzkości należeć będą do najbardziej udanych i radosnych przejawów życia w całym kosmosie. Dzieli nas od tego tylko Jedna Decyzja.

Jaka to decyzja?

6

Wierzę, że możemy odmienić globalne doświadczenie całego naszego gatunku postanawiając, iż prawdziwie, bez uprzedzeń i ograniczeń, zgłębimy, a następnie całym sercem, radośnie i bez zastrzeżeń zaakceptujemy naszą Prawdziwą Istotę.

Wybornie to ująłeś.

To brzemienna w skutki decyzja, gdyż dotyczy również indywidualnego rozwoju każdego z was.

Pamiętaj, że rzecz idzie nie tylko o poprawę sytuacji na świecie, lecz przede wszystkim o nową jakość życia osobistego, o nowy wymiar codziennego doświadczenia każdego z was. W gruncie rzeczy, to właśnie tam wszystko się zaczyna. Tam powstaje zalążek wszelkiej zmiany. Podkreślaliśmy to zresztą wielokrotnie w naszych dialogach.

Trzecie Zaproszenie dotyczy przebiegu indywidualnego życia, jego kolejnych przejawów i towarzyszących im uczuć.

Kiedy przyjmiesz zaproszenie i przystąpisz do szczytnego dzieła przebudzenia ludzkości, twoja Jaźń przeobrazi się, ponieważ, jak już powiedziałem na samym wstępie: najszybszym sposobem na przebudzenie drugiego jest przebudzenie Jaźni.

Kiedy skupisz się na Jaźni, uprzytomnisz sobie, że już się obudziłeś, a to zdecydowanie zmieni postać rzeczy.

Zaczniesz inaczej myśleć, mówić i postępować; zmienią się twoje postanowienia, jakim *być* w każdej chwili i sytuacji.

A to z kolei przesądzi o tym, co będziesz *sprowadzał* na siebie w życiu, i jak będziesz doświadczał tego, co *stanie* na twej drodze.

Pytanie tylko, czy ludzkość podejmie tę Jedną Decyzję. Ja uważam, że to wykonalne. To nie mrzonka, nie utopijna idea leżąca poza zasięgiem naszych możliwości.

Bynajmniej. Wymaga ona jednak kwantowego skoku w indywidualnej i zbiorowej świadomości. Nowej, nieskrępowanej perspektywy i percepcji. Radosnego przekroczenia ograniczeń w sposobie odczuwania.

A tak gwoli jasności, to musi być możliwe, bo inaczej nie mówiłbyś, że to Idealna Chwila na Postęp.

„Możliwe", to mało powiedziane. To już się dzieje. Nie prowadzilibyśmy tego dialogu – a inni nie śledziliby tak pilnie naszej wymiany zdań – gdyby nie dokonywała się przemiana świadomości w tak widoczny sposób.

Kolejny krok to przebudzenie coraz większej liczby ludzi.

Rozumiem, na czym polega Trzecie Zaproszenie. Wreszcie to pojąłem, w całej pełni. Zapewne wszyscy, którzy śledzą tę rozmowę, również. Przypuszczam, że wielu z własnego wyboru postanowi wznieść się na wyższy poziom rozwoju, poświęcając z pokorą swą energię na przebudzenie ludzkości, na swój skromny sposób pracując nad własnym przebudzeniem.

A do tego możecie wykorzystać Wyższe Przejawy Jedności, której stanowicie integralną część. Chętnie pomogą wam to osiągnąć.

Zaraz. Chwileczkę. Wszystko zaczynało mi się układać w sensowną całość, ale ta ostatnia uwaga zmąciła mi cały obraz.

Zauważ, proszę, że nie jesteście sami w obliczu tych wszystkich wyzwań, przed którymi stoi ludzkość.

Tak, wiem. Chyba każdy mieszkaniec Ziemi się nimi przejmuje. Mało jest takich, co nie martwią się przyszłością i nie starają się na swój sposób przyczynić do tego, żeby jutro było lepsze.

Sęk w tym, że próbowaliśmy już tylu rzeczy a rozwiązania jak dotąd nie znaleźliśmy. Nie wypracowaliśmy sposobu na pokojowe współistnienie, mówiłem o tym wcześniej. Nie potrafimy nawet przestać się zabijać.

Więc może czas zwrócić się o pomoc do tych, którzy *znaleźli* sposób.

Jak już powiedziałem, praktycznie nikomu na Ziemi to się nie udało.

To skorzystajcie z wiedzy kogoś, kto nie żyje na Ziemi.

Słucham?

Może czas poszukać pomocy u istot, które wiedzą wszystko o życiu na Ziemi, lecz nie pochodzą z Ziemi.

7

O rany. To dopiero otworzyłeś przed nami drzwi.

Zawsze były otwarte. Po prostu nikt z was jeszcze nie przekroczył progu.

Mówimy tu o istotach pozaziemskich?

Sądzisz, że istnieją takowe?

Cóż, owszem, myślę, że tak. Sam mi o tym powiedziałeś. Poświęciliśmy im sporo uwagi w Rozmowach z Bogiem, Księdze Trzeciej, *począwszy od szesnastego rozdziału.*

I czego się ode mnie wtedy dowiedziałeś?

We wszechświecie istnieje wiele światów zamieszkałych przez zaawansowane społeczności. Nie dziesiątki czy setki, lecz tysiące. *Szeroko rozwijałeś temat „Wysoko Rozwiniętych Istot", WRI, jak określaliśmy je w skrócie. Przedstawiłeś też zasady życia w wysoko zaawansowanych społeczeństwach.*

Zapamiętaj te słowa, ponieważ wrócimy jeszcze do tego zagadnienia w *tym* dialogu.

Dobrze, będę pamiętał. Chciałbym jednak zauważyć, że idea wysoko rozwiniętych cywilizacji w kosmosie nie wydaje się wyssana z palca. Wcale nie wydaje się naciągana. Przecież wszechświat jest przeogromny. Naciągany wydaje się natomiast pomysł, że jesteśmy jedynymi myślącymi istotami w całym kosmosie. Szansa, że tak jest, *wynosi jeden na centylion.*

Szczerze mówiąc, szansa na to jest zerowa. Oczywiście, że istnieją w kosmosie inne myślące byty. Aż się od nich roi we wszechświecie.

I te istoty są gotowe nam pomóc? To właśnie masz na myśli?

Chodzi mi o to, żebyście nie myśleli, że przyjmując zaproszenie i przystępując do przebudzenia ludzkości, jesteście zdani wyłącznie na siebie.

Oczywiście, że nie jesteśmy. Sam powiedziałeś, że przyszliśmy do ciebie. Zapukaliśmy do twoich drzwi. Zwróciliśmy się do Boga. To nie wystarczy? Zwracamy się do Boga, a ty odsyłasz nas do innych form życia we wszechświecie*?*

Boskość przybiera różne kształty. Jedną z jej postaci są ludzie. Zatem jeśli chcecie doświadczyć pomocy ze strony Boga, zdajcie się na siebie i swoją najwyższą mądrość, a jednocześnie nie wahajcie się pozyskać również innych Przejawów Boskości skorych do pomocy.

Nie pomijajcie tych, którzy być może otwierają drzwi w odpowiedzi na wasze pukanie.

Naprawdę masz na myśli istoty nie z tej planety.

Naprawdę.

Jestem przekonany, że wielu ludzi liczy na to, że pomoc przyjdzie z nieba, ale nie od innych form życia*!*

Niedostrzeganie czy wykluczanie tej możliwości byłoby przejawem krótkowzroczności.

Postawmy sprawę jasno, żeby uniknąć nieporozumień. Mówisz, że inne istoty we wszechświecie chętnie nam pomogą?

Niektóre tak, lecz nie wszystkie.

Nie wszystkie pozaziemskie formy życia są przyjazne.

To brzmi dość groźnie.

Dlaczego? Przecież na Ziemi też nie wszyscy są wobec innych nastawieni przyjaźnie. Nie wszyscy pomagają innym. Często ranicie siebie nawzajem.

Zgoda, ale ludzkość to bardzo młody gatunek. I ustaliliśmy, że wielu z nas zachowuje się jak dzieci. A przecież sam stwierdziłeś, że społeczności innych myślących istot we wszechświecie są o wiele bardziej zaawansowane.

Nie oznacza to jednak, że wszystkie bez wyjątku skłonne będą wam pomóc. Niektóre stosują przemoc.

Zaawansowane *formy życia na innych planetach we wszechświecie stosują przemoc?*

Owszem, niektóre z nich stosują.

Skoro są takie „zaawansowane", to dlaczego nadal to robią?

Zaawansowany a wysoko rozwinięty to nie to samo.

Gdyby ludzie sprzed dwóch tysięcy lat potrafili pokonać czas i pojawili się teraz na tej planecie, czy twoim zdaniem uznaliby obecne społeczeństwo za „zaawansowane"?

Uważam, że tak.

A czy mimo to obecni mieszkańcy Ziemi nie stosują przemocy?

Stosują. I na tym polega nasze nieszczęście.

Czyli wynikałoby z tego, że postęp techniczny nie jest tożsamy z rozwojem moralnym, etycznym czy duchowym, prawda?

Słuszna uwaga.

Nie zakładaj zatem, że wszystkie inne formy życia we wszechświecie chętnie was wspomogą w dziele przebudzenia ludzkości. Zaawansowana cywilizacja niekoniecznie oznacza wysoce rozwinięte społeczeństwo.

Czy będziemy w stanie odróżnić jedno od drugiego? A w ogóle skąd możemy wiedzieć, że jakieś Wysoko Rozwinięte Istoty nam pomagają? Mam na to twoje słowo, lecz czy my sami możemy jakoś przekonać się o tym w naszym własnym doświadczeniu *i nie zwariować przy tym ze strachu?*

Co ważniejsze, w jaki sposób *te Wysoko Rozwinięte Istoty nam pomagają? Krążą nad nami i pilnują, żebyśmy nie wyrządzili sobie poważniejszej krzywdy? Przybywają do naszego świata i stają w jednym szeregu z nami na Ziemi? Zaszczepiają nam idee w umysłach na odległość?*

Świetnie. Dalej. To nie są błahe pytania.

A odpowiedź?

Odpowiedź na wszystkie te pytania brzmi „tak".

Hmmm... no dobrze. Ale czy mógłbyś to rozwinąć? Przydałoby się więcej szczegółów.

Zajmę się twoimi pytaniami po kolei.

Jak ci wygodniej.

Poznacie, które z innych form życia we wszechświecie są wam życzliwe a które nie, po wibracjach.

O rany, ale „nawiedzona" odpowiedź. Wybacz mi... Przepraszam... ale już słyszę, jak kwitują to rzesze czytelników: „Ale nawiedzona odpowiedź. Czysty New Age. Poczuj wibracje, *stary".*

Czy zdarzyło ci się, że wszedłeś do pokoju, do knajpy, do restauracji, i w mgnieniu oka uznałeś, że nie masz ochoty przebywać w tym miejscu, odwróciłeś się i wyszedłeś?

Czy zdarzyło ci się, że kiedy ubierałeś się na jakąś uroczystość czy spotkanie, założyłeś koszulę i natychmiast ją zdjąłeś, wiedząc, że się nie nadaje?

Czy zdarzyło ci się, że spotkałeś kogoś po raz pierwszy i poczułeś w głębi, że nie powinieneś z tą osobą nawiązywać znajomości? Albo wręcz przeciwnie, czy doświadczyłeś kiedykolwiek „miłości od pierwszego wejrzenia"?

Jasne. Takie rzeczy przytrafiają się prawie każdemu.

I co sobie wtedy pomyślałeś? Ale „nawiedzone" doświadczenie, czysty New Age? A może „takie rzeczy w życiu się zdarzają"?

Dziękuję, już rozumiem. Skoro potrafimy wyczuć wibracje restauracji, koszul, osób, możemy też wyłapać wibracje pozaziemskich form życia – i natychmiast określić, które nam odpowiadają, które są nam przyjazne, a które nie.

Dokładnie. Jeśli zwracasz baczną uwagę na to, co dociera do ciebie poprzez *zmysły*, *zamysł* tego wszystkiego przestaje być dla ciebie tajemnicą. Jesteście wyposażeni w potężny aparat, w ludzką *zmyślność*, a ci, którzy z niego nie korzystają, w swej *bez-zmyślności* mogą się w tym wszystkim pogubić i z rozżaleniem twierdzić, że ich doświadczenie jest bez ładu i składu. Nie potrafią sobie *uzmysłowić* nadrzędnego celu.

To słowna żonglerka, która...

... to nie żadna słowna żonglerka, tylko nazwanie rzeczy po imieniu. Chodzi o to, żeby do wszystkich dotarł ważny przekaz: zlekceważenie tego, o czym tu mowa, może nie wyjść ludzkości na dobre.

W porządku. Ale skąd możemy wiedzieć, że w ogóle istnieją nastawione do nas życzliwie Wysoko Rozwinięte Istoty?

Spokojna głowa, będziecie wiedzieli. Nie sposób tego nie zauważyć. Być może inaczej to nazwiecie, ale na pewno zauważycie ich pomoc.

Ale jeśli inaczej to nazwiemy, nie dowiemy się, czym to naprawdę jest.

Nie trzeba wiedzieć, czym w rzeczywistości jest dana rzecz, żeby skorzystać z jej dobrodziejstw.

Czy już otrzymaliśmy taką pomoc? Powiedziałeś, że na pewno ją zauważymy. Użyłeś czasu przyszłego. Czy właśnie zaczynamy z niej korzystać?

Zaczynacie coraz bardziej zdawać sobie z tego sprawę.

Ale mieliśmy ją do dyspozycji przez cały czas?

Mierząc ludzką miarą, tak, od dawna.

Więc jak dotąd okazała się mało skuteczna, skoro doszło do tego.

Tak naprawdę, doszło do *tego* w wymarzony sposób i o wymarzonej porze.

Twój gatunek znalazł się w Punkcie Krytycznym i bardzo szybko, jak na warunki kosmiczne, zyskał umiejętność właściwego rozpoznania swego położenia. Okoliczności, nad którymi ubolewasz, w istocie są *doskonałe*, ponieważ dobitnie pokazują wam, jaka czeka was przyszłość, jeśli nie zabierzecie się do dzieła.

Zatem Wysoko Rozwinięte Istoty, jeśli przyjmiemy za punkt odniesienia wiek wszechświata, tak naprawdę zadziałały szybko. I skutecznie.

8

No dobrze. Robi się naprawdę ciekawie. I muszę przyznać, że przemawia do mnie pogląd, że Wysoko Rozwinięte Istoty nam się przyglądają. Tyle raz widziano UFO w ciągu ostatnich lat.

Ostatnich lat? Chyba stuleci?

Zgoda, w ciągu ostatnich stuleci. I raczej nie można podważyć faktu, że zapuszczają się w te rejony wszechświata. Ale że nam pomagają? „Chronią ode złego"? Jak to się niby odbywa? Podsuwają nam myśli na odległość? To jest jeszcze do przyjęcia, to całkiem możliwe... ale to, że nas odwiedzają? To pomysł „wzięty z kosmosu".

Ktoś coś mówił o słownych gierkach.

Nie zrobiłem tego celowo, zresztą tak jak i ty. Ale muszę przyznać jedno: nigdy nie myślałem, że w naszych rozmowach wkroczymy na ten obszar. W najśmielszych snach tego nie przeczuwałem.

Sam przecież powiedziałeś, że poświęciliśmy sporo miejsca Wysoko Rozwiniętym Istotom w *Rozmowach z Bogiem, Księdze Trzeciej*. Pamiętasz?

Owszem, ale nie było mowy o tym, że nam pomagają.

Nie, ale na pewno ustaliliśmy, że istnieją.

Hipotetyczne istnienie a pomoc niesiona tu i teraz – z odwiedzinami włącznie – to dwie różne rzeczy. Dwie zasadniczo *różne rzeczy.*

Zgoda. Ale uznanie takiej możliwości stanowi element Trzeciego Zaproszenia.

Myślałem, że w tym zaproszeniu chodzi o przebudzenie naszego gatunku, a nie przedstawienie nam nowego *gatunku istot myślących. Chcesz powiedzieć, że do przebudzenia ludzkości niezbędna jest wiara w inne formy życia? Podejrzewam zresztą, że większość ludzi nie użyłaby nawet wobec nich określenia Wysoko Rozwinięte Istoty czy WRI, ale po prostu przybysze z innej planety. Chcesz więc powiedzieć, że muszę uwierzyć w to, że przybysze z innej planety...*

... pozostańmy przy określeniu Wysoko Rozwinięte Istoty, albo w skrócie WRI...

... że jakiś gatunek przebudzonych istot z własnego wyboru pomaga nam i odwiedza nas na Ziemi?

Niczego *nie musisz* przyjmować na wiarę. Do działania na rzecz *twojego* przebudzenia nie jest ci niezbędna wiara w istnienie innego gatunku istot myślących we wszechświecie, a tym bardziej idea Wysoko Rozwiniętych Istot niosących wam pomoc tu i teraz.

Ale sam powiedziałeś, że „uznanie takiej możliwości to element Trzeciego Zaproszenia".

Tak, *element*, ale nie *warunek konieczny*.

Mógłbyś to wyjaśnić?

Posłużę się jeszcze raz porównaniem z drzwiami.

Gdy pukasz do moich drzwi, a ja otwieram, zapraszam cię do środka i mówię: „W samą porę! Właśnie przygotowałem przekąski", czy to oznacza, że nie wolno ci przyjmować zaproszenia, jeśli nie zamierzasz skosztować przysmaków ułożonych na tacy?

Rozumiem. Mogę wziąć udział w przyjęciu, ale nie muszę częstować się czymś, za czym nie przepadam?

Otóż to.

Mogę przyjąć zaproszenie i dążyć do przebudzenia ludzkości, ale nie muszę wierzyć w to, że inne *gatunki niosą nam pomoc i nas odwiedzają.*

Tak, jedno nie jest uzależnione od drugiego.

Uff... Ulżyło mi. Dobrze, że w tej sprawie moja wolność nie jest tak ograniczona.

Nikt i nic nigdy nie odbierze ci wolności. To moja obietnica. I zobowiązanie wobec ciebie na całą wieczność.

Wiem, i dziękuję ci za to. Wiele razy to powtarzałeś. Przyjmuję to jako najwspanialszy dar, jaki od ciebie otrzymaliśmy.

No dobrze, załóżmy, że nie mam nic przeciwko koncepcjom, które właśnie poruszyłeś. Załóżmy, że gotów jestem uznać, że to możliwe. Ale w tej chwili bardziej zależy mi na tym, żeby dowiedzieć się, w jaki sposób *mogę przyczynić się do przebudzenia ludzkości, i jaka będzie ta przebudzona ludzkość – co będzie tworzyła i czego będzie doświadczała w życiu.*

Przedstawiłem to szczegółowo – bardzo szczegółowo – w naszej rozmowie, którą opatrzyłeś tytułem *Rozmowy z Bogiem, Księga Trzecia.*

Owszem, i chętnie bym do tego wrócił. Niewiele pamiętam z tego, co wtedy powiedziałeś. Zdumiewa mnie to, jak łatwo zapominamy rzeczy, które warto pamiętać; wylatują nam z głowy, mimo że są dla nas cenne.

Cóż, tak to jest z ludzkim umysłem. Ale przez powtarzanie można temu zaradzić. Dlatego streścimy tutaj przebieg tamtej rozmowy, przypomnimy też kilka ważkich stwierdzeń z pozostałych dialogów.

Jestem za. Na pewno przydałoby się odświeżyć te zagadnienia. Ale w tej chwili zaprząta mnie inna sprawa. Nie mogę puścić mimo uszu tego, co przed chwilą powiedziałeś.

Mówisz, że Wysoko Rozwinięte Istoty nie tylko istnieją, ale chętnie służą nam pomocą, a nawet składają nam wizyty.

Jak wcześniej zauważyłem, to dwie zasadniczo *różne informacje.*

Zajmiemy się jedną i drugą. Warto zgłębiać wielorakie aspekty życia na tym wspaniałym etapie ewolucji twojego gatunku, niczego nie zakładając i niczego nie wykluczając. Płynie z tego mnóstwo korzyści.

Zawsze miej otwartą głowę. Do każdej kwestii podchodź bez uprzedzeń. Wszystko jest możliwe. Zwłaszcza to, o czym po prostu nie wiesz. Nie uznałbyś chyba za niemożliwe czegoś, co wykracza poza granice twojej wiedzy, mam rację?

Tak na ogół postępują ludzie.

Ale ty i tobie podobne jednostki jesteście inni. Cechuje was otwartość umysłu. Siedzisz teraz przy biurku i oddajesz się zajęciu, które dla wielu jest czymś nie do pomyślenia, przejawem manii wielkości, a dla niektórych wręcz bluźnierstwem. Prowadzisz rozmowę z Bogiem. Jak gdyby nigdy nic.

A czym miałbym się przejmować? W trakcie naszych poprzednich rozmów sam mi doradzałeś, żebym przynajmniej rozważył możliwość, *że jeśli chodzi o życie i o Boga, są rzeczy, których jeszcze nie rozumiem, a gdy je zrozumiem, wszystko się zmieni. Starałem się stosować tę zasadę w praktyce.*

Jestem teraz niezbicie przekonany, że wszyscy mamy dostęp do źródła najwyższej mądrości, które mieści się w nas samych i które nazywamy Bogiem. Możemy z niego korzystać, kiedy tylko chcemy.

Robimy to od wielu lat. Od chwili narodzin! Każdy nieustannie rozmawia z Bogiem. Wielu po prostu nie zdaje sobie z tego sprawy. Albo inaczej to nazywa. Tak przynajmniej mówi mi moje *doświadczenie, na to wskazują* moje *obserwacje, takie wnioski wynikają z* mojego *pojmowania.*

Zatem możesz zaakceptować to, że zwraca się do ciebie Bóg, ale trudno ci przyjąć to, że pomagają wam Wysoko Rozwinięte Istoty?

Brawo. Celne spostrzeżenie. To chyba dlatego, że ten drugi pomysł mocno trąci fantastyką naukową, a nie są to koncepcje, z którymi łatwo i bez wahania mogę się pogodzić. Religie, owszem, mówią o „objawieniach", chwilach, kiedy doznaje się olśnienia, wglądu, przypuszczalnie za sprawą Boga, ale nie słyszałem, żeby z ambony mówiono o Wysoko Rozwiniętych Istotach niosących nam pomoc.

Z tą śmiałą myślą trzeba się dopiero oswoić.

Niemniej, poruszaliśmy tę kwestię w naszym wcześniejszym dialogu, który nazwałeś *Rozmowy z Bogiem, Księga Trzecia.*

Naprawdę? Zupełnie zapomniałem.

Powiedziałem wtedy: „Kiedy doskonałości duchowej dostąpią wszyscy członkowie twojej rasy, wówczas twoja rasa w całości (gdyż twoja rasa stanowi całość) będzie mogła z łatwością przemieszczać się w czasie i przestrzeni (pokonacie bowiem prawa fizyki w takiej postaci, w jakiej są wam obecnie znane) i nieść pomoc innym rasom i innym cywilizacjom również dążącym do mistrzostwa".

Na co ty spytałeś: „Tak jak pomagają nam teraz przedstawiciele innych ras i cywilizacji?".

Na co ja odparłem: „Otóż to. Właśnie tak".

Zatem nie powinno cię dziwić, że ta sprawa pojawia się w naszej obecnej rozmowie.

Przyznaję, nie pamiętałem, że była już o tym mowa wcześniej.

Przekazy płynące ode mnie przez wszystkie te lata są spójne. Lecz twoja pamięć okazuje się wybiórcza.

9

Gotów jestem uderzyć się w piersi. Istotnie, umiejętność przypomnienia sobie wszystkiego, co wiem, nie jest moim atutem, spamiętanie wszystkich przekazów, jakie dotarły do mnie z tylu wspaniałych źródeł mądrości, nie jest moją najmocniejszą stroną. Kiedy byłem dzieckiem, ojciec mówił o mnie: „wysoki jak brzoza, a głupi jak koza".

Mimo to pragnę poświęcić całą swą energię na rzecz przebudzenia ludzkości. Dlatego cieszę się, że zostałem „powołany" do tego nieoczekiwanego dialogu.

I wiesz co? Wydaje mi się, że w pewnym sensie już przyczyniłem się do przebudzenia innych. Wielu się do tego przyczynia swoim sposobem postępowania. Więc może nie muszę przyjmować Trzeciego Zaproszenia. Może już je przyjąłem. Dawno temu.

Owszem, wielu z was dało swoimi czynami świadectwo godne osoby, która otrzymała, przyjęła i zaczęła wcielać w życie to zaproszenie, ale na ogół nie kierowaliście się przy tym określoną intencją.

Postępowaliście wspaniałomyślnie, wielkodusznie, z pełnym przekonaniem, ale nie kryła się za tym określona intencja. A intencja decyduje o wszystkim. Odciska energetyczne znamię na wydarzeniach, które potem następują.

Możesz wsiąść do samochodu, ruszyć, robić dokładnie to, co powinien robić dobry kierowca, lecz jeśli nie obrałeś celu, donikąd nie zajedziesz.

Zdarzyło mi się to już.

Lecz jeśli zdecydujesz, że od tej chwili twoją *intencją* we wszystkim, co pomyślisz, co powiesz i co zrobisz, jest przebudzenie ludzkości – a wszystko to w ramach wyrażania siebie i wznoszenia się na wyższy poziom osobistego rozwoju – przekonasz się, że wyniki twoich działań stanowią zupełnie nową jakość.

Na tym polega Trzecie Zaproszenie. Zaproszeni są wszyscy, nie tylko ty. Rozmowa, którą prowadzimy, przeznaczona jest dla każdego, który „przypadkiem" się na nią natknie. Wiesz, kim jesteś, bo jesteś *tutaj*.

Trzeba jednak przyznać, że przebudzenie innych nie będzie dziełem przypadku, lecz dokona się jako ściśle wyznaczony – a nie jedynie pożądany – cel. Może się bowiem urzeczywistnić tylko jako *zamierzony skutek* indywidualnej ewolucji wszystkich tych, którzy z własnego wyboru przyjęli wystosowane tu zaproszenie.

Przyczyni się do tego w dużej mierze upublicznienie waszego osobistego rozwoju oraz towarzyszących temu wysiłków, tak, byście mogli posłużyć za wzór dla innych.

To ogromne wyzwanie. Już sama myśl o tym jest przytłaczająca.

Lecz przezwyciężenie wewnętrznego oporu i przyjęcie wyzwania niesłychanie zwiększy moc ewolucyjnego oddziaływania twej podróży przez życie, twych wyborów dokonywanych na co dzień: staniesz się Wielki, choć byłeś Mały, będziesz działał Globalnie, choć działałeś Lokalnie, Mnogie Wy zastąpi dawne Pojedyncze Ty.

Upublicznienie swej duchowej podróży, powołanie innych na świadków swojego rozwoju, pozwoli przyspieszyć postęp ludzkości.

A właśnie teraz jest Idealna Chwila na Skok Ewolucyjny.

Ale czy można się tego podjąć, nie stawiając jednocześnie siebie na piedestale? Nie chciałbym hodować w sobie urojenia, że jestem nadzieją całej ludzkości. I z pewnością nie chciałbym nieopatrznie pociągnąć za sobą innych na podobne wyżyny złudzeń. Czy nie wiąże się to z nienaturalnym wywyższaniem własnej osoby, przynajmniej w myślach? Czy mniemanie, że ma się do wykonania taką misję i jest się odpowiedzialnym za jej powodzenie, nie wskazuje na „manię zbawiania świata"?

Wyjaśnijmy sobie jedną rzecz. Nie chodzi o to, żebyś przedstawiał siebie wszem i wobec jako ideał, wzór ewolucyjnej doskonałości. Chodzi o to, żebyś po prostu nie ukrywał przed innymi swoich wyborów, żebyś ukazywał światu prawdziwy obraz swoich zmagań, swego dążenia do pełnego przebudzenia.

Jeśli szczerze i pokornie uznasz sam przed sobą, że twój wewnętrzny, osobisty rozwój jest twoją własną sprawą, że z pewnością nie służy „zbawieniu świata", a ma na celu jedynie przyspieszenie własnej indywidualnej przemiany, i jeśli nie szukając rozgłosu wyjaśnisz to każdemu, kto zwróci uwagę na twój nowy sposób bycia – albowiem inni na pewno go dostrzegą – nie wpadniesz w pułapkę, której się obawiasz.

Jeśli masz świadomość, że powodem, dla którego przyjąłeś zaproszenie do dzieła przebudzenia, nie jest obsadzenie siebie w roli przewodnika, lecz proste i skromne przyznanie, iż został ci objawiony inny sposób istnienia dla ludzkości – taki, który przyniesie korzyść i tobie, i wszystkim innym – nigdy nie będziesz się wywyższał ani szukał poklasku.

Cóż, mam tyle różnych wad, że zupełnie nie widzę siebie jako duchowego „przewodnika". Każdy, kto mnie zna, może zaświadczyć.

Jeśli zdajesz sobie z tego sprawę, to „mania wielkości" ci nie grozi.

Z drugiej strony jednak, nie chciałbym, żebyśmy wszyscy mieli o sobie złe wyobrażenie, żebyśmy dotkliwie odczuwali nasze „ułomności", nasze „opóźnienie" w rozwoju ewolucyjnym, gdyż możemy wtedy uznać, że nie jesteśmy godni przebudzenia, nie mówiąc już o pomaganiu w przebudzeniu innym.

Gdybyś umiał spojrzeć na to, co w twojej własnej oraz innych ludzi opinii stanowi twoje wady, jako na coś, co składa się na twoją doskonałość, i jednocześnie tak samo postrzegałbyś „ułomności" innych, osiągnąłbyś wspaniałą równowagę, a to wielkie dobrodziejstwo dla ciebie i dla wszystkich, z którymi się stykasz w życiu.

Dzięki tej równowadze zarówno ty, jak i wszyscy, którzy przyjmą Trzecie Zaproszenie, będziecie potrafili pokochać siebie takimi, jakimi jesteście, mimo że każdego dnia szczerze i pokornie staracie się wznieść na coraz wyższy poziom. I na to samo pozwolicie innym.

Jesteś piękną istotą, idziesz do przodu, rozwijasz się. Jak już wiele razy podkreślałem w naszych poprzednich rozmowach: Gdybyś widział siebie takim, jakim widzi ciebie Bóg, uśmiechałbyś się częściej.

Za każdym razem kiedy to słyszę, robi mi się ciepło na sercu. Dziękuję, że mi o tym przypomniałeś.

Cała przyjemność po mojej stronie.

Teraz chciałbym bliżej przyjrzeć się kwestii, co to znaczy żyć jako przebudzony gatunek, i w jaki sposób ludzie mogą zmienić swoje doświadczenie życia na Ziemi.

Proponuję, żebyśmy wrócili do tego, co powiedziałeś w poprzednich dialogach na temat zaawansowanych cywilizacji występujących w kosmosie.

Zgoda, ale jedno musisz najpierw zrozumieć: nie chodzi tu o inne formy życia istniejące w kosmosie, takim, jak go sobie powszechnie wyobrażacie.

A jak sobie wyobrażamy kosmos? Kosmos to przestrzeń, która rozciąga się poza naszą planetą. Inaczej mówiąc, to wszechświat. A czym jest dla ciebie?

Cóż, posłużę się cytatem z waszego mistrza w sprawach metafizyki, Szekspira: „Są rzeczy na niebie i na ziemi, Horacjo, o których się nie śniło waszym filozofom".

To znaczy?

To znaczy, że w kosmosie, jak go nazywacie, są rzeczy, o których się nie śniło waszym kosmologom.

Kiedy mówicie o „przybyszach z kosmosu", macie na myśli tę część wszechświata, która jest dostępna waszemu poznaniu. Lecz wszechświat jest dużo większy i dużo bardziej złożony, niż się wam wydaje.

Istoty występujące w tym wycinku Wszystkiego, Co Istnieje, zwanym przez was „kosmosem", objawiają się obecnie w fizycznej postaci, tak jak wy. I podobnie jak ludzie, nie wszyscy „przybysze z kosmosu" są usposobieni pokojowo. Niektórzy są, inni nie. Nawet ci usposobieni pokojowo czasami posuwają się do przemocy, tak jak ludzie uważający siebie samych za spokojnych niekiedy zachowują się agresywnie.

To mało powiedziane. Ludzie zabijają innych ludzi.

Właśnie. Zatem kiedy mówię o istotach niosących wam pomoc i kiedy przedstawiam ludzkości nowy sposób bycia oparty na doświadczeniach tych przebudzonych istot, mam na myśli istoty nie pochodzące z tego obszaru kosmosu, w którym stworzenia doświadczają siebie wyłącznie lub przede wszystkim jako byty fizyczne.

To brzmi intrygująco.

Mam na myśli formy życia istniejące w Innym Wymiarze.

W wymiarze, w którym istnienie nie przejawia się fizycznie?

W wymiarze, w którym nie jest to *konieczne*. W wymiarze, w którym mogą, jeśli tego zapragną, „przybrać" postać fizyczną, lecz nie jest to niezbędne do tego, żeby mogły doświadczyć celu wszelkiego istnienia.

10

To naprawdę frapujące, ale wolałbym, żebyśmy teraz zajęli się tym, jak wyglądałoby nasze przebudzone społeczeństwo, jakie doświadczenie życia stworzylibyśmy na Ziemi, a wciąż odbiegamy od tego tematu...

Zaufaj mi. W tych dygresjach jest metoda. Pomogą ci zrozumieć, na czym „stoją" Wysoko Rozwinięte Istoty we wszechświecie, tworząc doświadczenie, które warte jest bliższego poznania, a wręcz godne naśladowania.

To stawia całą sprawę w innym świetle. Zgoda. W takim razie zapytam: jeśli istoty, o których mówisz, nie potrzebują postaci fizycznej, to po co w ogóle zadawały sobie trud jej przyjęcia? Bóg jeden wie – przepraszam za wyrażenie – po co w ogóle się wcielać, jeśli nie ma takiej konieczności? Ja na pewno bym się na to nie zdecydował.

Ależ zdecydowałeś się na to. Przyjąłeś ciało, choć nie musiałeś.

Sądzisz, że istniejesz w postaci fizycznej, bo tak musi być? Zapewniam cię, że wcale nie. Wcieliłeś się z *własnego wyboru.*

Już ta informacja sama w sobie może odmienić twój sposób bycia tu i teraz.

A po jaką cholerę miałbym wybierać coś takiego? Gdybym mógł cieszyć się wolnością od wszystkich uciążliwości, jakie niesie ze sobą istnienie w ciele... to po co bym się jej wyrzekał?

Wyrzekłbyś się, gdyby to służyło twojemu celowi, i gdybyś wiedział, że możesz uwolnić się od tych uciążliwości nawet przebywając w ciele.

Mogę?

Tak. I stanie się to dla ciebie jasne, nim nasza obecna rozmowa dobiegnie końca. Tymczasem, przyjmij po prostu, że o tym nie wiesz – że tego nie pamiętasz – i dlatego nie mieści ci się w głowie, że możesz z własnego wyboru przyjąć ciało, skoro nie musisz.

Bo nie musisz. Wybierasz istnienie w postaci fizycznej tylko wtedy, gdy służy to twojemu celowi. Przebywanie w ciele służy twojemu obecnemu celowi, inaczej byś się nie wcielił. Wysoko Rozwinięta Istota, w przeciwieństwie do ciebie, dobrze wie, że tak jest.

Kłopot w tym, że *nie znasz* swojego obecnego celu (ogromna większość ludzi nie pamięta, po co tu jest), dlatego *wydaje* ci się, że tkwisz w ciele wbrew własnej woli.

To rzutuje na całe twoje ziemskie doświadczenie. Sądzisz, że przebywasz w ciele wbrew własnej woli, mało tego, jesteś przekonany, że wszystko, z czym masz do czynienia będąc w ciele, wszystko, co ci się przytrafia, dzieje się również wbrew twojej woli. A to w ogromnym stopniu wpływa na twój stosunek do samego siebie i do innych.

Wystosowałem do was wszystkich Trzecie Zaproszenie głównie po to, żebyście pomogli sobie nawzajem zmienić stosunek do siebie i do innych, i w ten sposób nadali nowy kształt przyszłemu życiu na Ziemi.

Gdy się przebudzisz, gdy się w końcu *opamiętasz*, będziesz wiedział, jaki cel ma twój pobyt na Ziemi, po co istniejesz w ciele, czemu służy *całe* życie. Wtedy możesz postanowić, że objawisz sobą ten cel i sprawisz, że stanie się twoim doświadczeniem. A to pomoże innym w twoim otoczeniu, zachęci ich do pójścia w twoje ślady.

Gdybyś już tego nie rozumiał, nie prowadzilibyśmy tej rozmowy. A inni nie śledziliby jej teraz, czytając książkę.

Już raz to słyszałem.

Już raz to stwierdziłem.

Ci, którzy działają na rzecz własnego przebudzenia i pomagają w tym swoim towarzyszom podróży na tej planecie, już to robią, już się samookreślili.

Oni wiedzą – jak sam wcześniej zauważyłeś – że od tego, żeby zapewnić sobie lepszą przyszłość po wsze czasy, ludzkość dzieli Jedna Decyzja. A polega ona na dążeniu każdego z was z osobna do wzniesienia się na wyższy poziom, na uznaniu i okazywaniu swej prawdziwej istoty.

To właśnie robią Wysoko Rozwinięte Istoty? Pomagają nam osiągnąć przebudzenie? Po to przyjmują fizyczną postać, by wyrazić to, czym są naprawdę, i zarazem tego doświadczać? Tak mam to wszystko rozumieć?

Tak. Dokładnie z tego powodu istoty, o których mówię, z własnego wyboru przyjmują fizyczną postać. Różnica między nimi a ludźmi polega na tym, że WRI przechodzą od metafizycznego do fizycznego stanu istnienia, i na odwrót, z własnej woli, podczas gdy wy na ogół wyobrażacie sobie, że w waszym przypadku dzieje się to zupełnie bez udziału waszej woli.

To dlatego poruszyłem tu tę sprawę. Jeśli odrzucicie pogląd, że przejście z metafizycznego do fizycznego wymiaru, i odwrotnie, odbywa się wbrew waszej woli, proces waszej osobistej przemiany nabierze tempa.

Obecnie nazywacie przejście ze stanu fizycznego do metafizycznego „śmiercią" i jesteście przekonani, że to najgorsze, co może was spotkać. A jest to po prostu kolejny etap w waszej nieustającej ewolucji.

Rzeczywiście, to przejście do kolejnego etapu naszego rozwoju budzi w nas wręcz przerażenie. *Panicznie boimy się odcieleśnienia, które nazywamy „śmiercią", i dlatego za wszelką cenę staramy się je od siebie odsunąć.*

Dosłownie, *za wszelką cenę,* nawet jeśli oznacza to sprzeniewierzenie się swemu najgłębszemu przekonaniu, zaprzeczenie temu, co jest, i o czym przecież wiecie.

Z tego powodu nie dostrzegacie, że już się przebudziliście. Żeby „się" ratować, wyrzekacie się swej prawdziwej jaźni.

Takie postępowanie jest typowe dla bardzo młodego gatunku. Tak przedstawia się obecne ludzkie doświadczenie. I na tym właśnie polega ironia.

Na szczęście zaczynacie to pojmować. Powoli przytomniejecie i dojrzewacie do tego, żeby przyjąć zaproszenie i zacząć budzić ze snu innych. Ale pamiętajcie, że nie możecie obudzić innych, jeśli sami nie wiecie, *do czego* się budzicie.

I stąd moje dygresje. Ich zadaniem jest uświadomienie wam, że przebywacie w ciele umyślnie. To nie udręka, z której chcecie się jak najprędzej wyzwolić, lecz sposób na objawianie i doświadczanie tego, co tylko fizyczne istnienie na Ziemi pozwala tak znakomicie wyrazić.

Cóż, pozwól, że ci wyjaśnię, dlaczego całe to doświadczenie z ludzkiego punktu widzenia często *naprawdę wydaje się udręką.*

Jeśli dobrze rozumiem, w przypadku istot, o których mówisz, przechodzenie z jednego stanu do drugiego jest dowolne i natychmiastowe. Mogą się one wcielać i odcieleśniać w jednej chwili, kiedy tylko zapragną. Z kolei my, ludzie, najwyraźniej musimy pobyć trochę w ciele; dla niektórych ten okres jest krótki, w przypadku innych trwa wiele lat, w każdym razie musi minąć jakiś czas.

Ponadto, ilekroć ludzie przechodzą z wymiaru metafizycznego z powrotem do fizycznego, muszą zaczynać życie „od początku". Musimy przyjść na świat jako noworodki i uczyć się od nowa podstaw cielesnej egzystencji.

A z twoich słów wynika, że w przypadku Wysoko Rozwiniętych Istot z Innego Wymiaru nie jest to konieczne. Mówisz, że mogą „na zawołanie" zmienić postać, w jakiej siebie wyrażają, i przejść ze stanu „niefizykalnego" do „fizykalnego" jako byty w pełni ukształtowane, a nie dopiero rozpoczynające cykl życia w postaci fizycznej.

Jeśli niczego w tym rozumowaniu nie pomyliłem, to byłby prawdziwy atut, bez dwóch zdań. My jesteśmy pod tym względem w bardzo niekorzystnej sytuacji, ponieważ za każdym razem, kiedy chcemy się „ufizycznić", musimy „zaczynać do nowa", musimy od początku zmagać się ze wszystkimi trudnościami i wyzwaniami, jakie niesie codzienne życie.

Cóż, tak naprawdę wasza sytuacja wcale nie jest taka niekorzystna. Cokolwiek robicie, robicie z własnego wyboru.

Warto, żebyście zrozumieli, że wy przybieracie postać cielesną z innego powodu niż WRI. Ufizyczniacie się, ponieważ pragniecie doświadczenia wzrostu, kolejnych faz rozwoju: od życia płodowego, poprzez okres niemowlęcy, dzieciństwo, młodość i wiek dojrzały, aż po starość. I pragniecie zaznać tego wielokrotnie.

Raz po raz powracacie do Dziedziny Fizykalności, po to, by ogarnąć to doświadczenie w całej jego pełni, ponieważ staracie się gruntownie i całkowicie pojąć wszystko, co się z nim wiąże, i w ten sposób zarówno tworzyć siebie jak i doświadczać siebie z każdej perspektywy, przez każdy pryzmat, w każdych okolicznościach i warunkach.

W ramach procesu autokreacji w swych kolejnych wcieleniach doświadczyłeś już wszystkiego. Wiesz, co to znaczy być ofiarą i oprawcą, słabym i silnym, ciemiężonym i ciemiężycielem, tak zwanym „dobrym" i tak zwanym „złym", co jest „słuszne" i co „naganne".

Myślałem, że nie ma podziału na „słuszne" i „naganne". Myślałem, że w oczach Bogach nikt nie jest „dobry" ani „zły".

Trafne spostrzeżenie. To wy tak zaszufladkowaliście określone zachowania, przyczepiliście im etykietki, nie Bóg. W trakcie waszych cykli „stawania się", „rozwoju", samorealizacji, Bóg ani na chwilę nie przestaje was kochać, wielbić i hołubić.

Moim życzeniem jest, żebyście sami postanawiali, kim chcecie być i w jaki sposób pragniecie tego doświadczać – żebyście poznali swą prawdziwą istotę – nie dlatego, że ktoś tak zarządził czy wydał odgórne polecenie, lecz ponieważ sami stworzyliście taką właśnie wersję swej Jaźni, biorąc pod uwagę wszystkie opcje, mając do wyboru wiele możliwości.

Dostąpiłeś zatem Boskości, poznałeś jej potęgę i chwałę – a to za sprawą dążenia do Boskości z *wolnej woli*.

W ten właśnie sposób wyrażona zostaje Boskość. To nie otrzymana łaska. Jej d*oświadczanie* to cel stworzonego przeze mnie Życia.

Zatem byłeś wszystkim – i tutaj i tam, i dołem i górą, i prawym i lewym, i dużym i małym, i szybkim i powolnym, i płytkim i głębokim, i jasnym i ciemnym, i młodym i starym.

Fizykalność to środek, z którego korzystasz, żeby doznać wszystkiego, poznać w doświadczeniu wszelkie przejawy tego, co jest. Fizyczny wymiar to Pole Kontekstowe, w ramach którego możesz wybrać, kim i jakim chcesz być.

Pole Kontekstowe to największe błogosławieństwo życia w tym wymiarze, ponieważ w przypadku braku tego, Czym Nie Jesteś, to, Czym Jesteś, nie może zaistnieć.

To znaczy, nie może zaistnieć w doświadczeniu.

Bez zaznania mroku nie można zobaczyć jasności. Gdy nie istnieje małe, nie może przejawić się duże. Szybkie można rozpoznać tylko na tle powolnego. W braku tego, co nazywacie „złem", nie można doświadczyć tego, co nazywacie „dobrem".

Dlatego nie osądzaj ani też nie potępiaj, lecz bądź światłem rozpraszającym ciemności, abyś mógł obwieścić i ogłosić, wyrazić i wypełnić, poznać i doświadczyć, Kim Naprawdę Jesteś, i aby dzięki twemu przykładowi również ci, z którymi się stykasz, mogli poznać swą prawdziwą istotę.

Czyż nie tak postępowali wszyscy mistrzowie?

Wiele razy słyszałem od ciebie te słowa. Ale teraz, w świetle naszych obecnych rozważań, nabierają one jeszcze głębszego znaczenia, ich prawdziwość wydaje się jeszcze bardziej oczywista. Dlaczego jednak nie dotyczy to również Wysoko Rozwiniętych Istot?

Jak już wcześniej wspomniałem, WRI przybierają cielesną powłokę z innego powodu niż ludzie. One już doświadczyły fizykalności w całej pełni. Zgłębiły ją do końca. A zatem, oblekając się w ciało, nie „zaczynają od nowa", chyba że służy to jakiemuś konkretnemu celowi.

Co to znaczy?

Gdy Wysoko Rozwinięta Istota przyjmuje fizyczne ciało w Innym Wymiarze, to dlatego że pragnie coś odtworzyć i ponownie doświadczyć czegoś, czego nie da się stworzyć i doświadczyć w stanie metafizycznym. Żeby to osiągnąć, nie jest konieczne rozpoczynanie pobytu w ciele „od początku".

Gdy Wysoko Rozwinięta Istota wciela się w Wymiarze Fizykalności, to dlatego, że pragnie nieść pomoc zamieszkującym go istotom, a w szczególności pragnie przyczynić się do tego, żeby pojmowały, wyrażały i w pełni doświadczały, kim naprawdę są. Wówczas WRI mogą z własnego wyboru rozpocząć cykl życia w ciele „od początku".

Dlaczego WRI miałyby tego pragnąć? Dlaczego miałyby przejmować się myślącymi istotami z obcego im świata?

Żeby wciąż na nowo wyrażać i spełniać, poznawać i doświadczać, kim *one* naprawdę są, na coraz to wyższym poziomie. WRI pragną doświadczać i wyrażać siebie jako istoty przynoszące Odpowiedź.

Cały kosmos, wszystkie wymiary wszechświata, przepełniają myślące istoty, a każda z nich żywi dokładnie to samo pragnienie – pragnienie wyrażania i doświadczania swej Prawdziwej Natury i swej Prawdziwej Tożsamości.

Wymaga to zgłębienia i poznania każdego aspektu fizykalności, a następnie zgłębienia i poznania każdego aspektu stanu metafizycznego. Wreszcie, zintegrowania jednego z drugim.

A oto wielka tajemnica, którą tak bardzo chcą podzielić się z innymi Wysoko Rozwinięte Istoty: Pełna integracja może dokonać się w każdej chwili. Proces ten można skrócić. Cywilizacja zamieszkująca daną planetę może zacząć żyć tak, jak przystało na gatunek przebudzony, kiedy tylko zechce.

11

Świetnie! Pora, żeby się dowiedzieć, jak to osiągnąć! Jestem ci ogromnie wdzięczny, że objawiłeś mi tajniki egzystencji Wysoko Rozwiniętych Istot, ale nie mogę się doczekać, żeby pójść dalej.

Jeśli naszym zadaniem ma być przebudzenie ludzkości, to chciałbym wiedzieć, do czego *mamy się przebudzić. Jaki będzie ten nowy Sposób Bycia przebudzonego społeczeństwa?*

Czy chodzi po prostu o to, żebyśmy przyjęli i wdrożyli zasady, praktyki, pojęcia i zachowania innej cywilizacji z nieznanego wymiaru? Czy nie możemy poprawić jakości naszego indywidualnego życia i zbudować lepszej przyszłości dla całej zbiorowości w oparciu o najwyższe wartości ludzkości?

Z całą pewnością możecie. Lecz warto spojrzeć na to w kategoriach energii, nie cywilizacji. Możecie skorzystać z innych, nieznanych form energii. Odpowiedź na pytanie, co sprawia, że proces życia przebiega wspaniale, radośnie, doskonale, nie sprowadza się do kwestii „miejscowych zwyczajów". To kwestia uniwersalnej prawdy w odniesieniu do podstawowej energii życia.

We wszechświecie występuje wyłącznie energia, której w ludzkim języku nadaliście miano Miłość.

Przesłanie, z jakim zwracają się do was Wysoko Rozwinięte Istoty, po prostu podpowie wam, jak żyć i miłować w sposób korzystniejszy dla was wszystkich jako zbiorowości, a każdemu z was z osobna umożliwi szybszy postęp na drodze indywidualnej ewolucji.

WRI nie uważają bynajmniej, że racja jest po ich stronie i ludzkość ma przyjąć ich koncepcje jako jedyne „słuszne". Po prostu przedstawiają wam propozycję, otwierają przed wami sposobność, z której możecie skorzystać. Na tym polega ich pomoc.

Warto więc zapoznać się z poglądami i zachowaniami WRI, zobaczyć, w czym zasadniczo odbiegają od ludzkich poglądów i zachowań, i określić się, czy chcecie spróbować nowych sposobów wyrażania człowieczeństwa czy też nie.

Zgoda. Z góry wiem, że będą rozbieżności... powiedz mi więc od razu, prosto z mostu, na czym polega największa różnica między nami.

Najbardziej uderzającą i największą różnicą między ludźmi a WRI jest to, że Wysoko Rozwinięte Istoty całkowicie, bezwarunkowo i ostatecznie wyzbyły się przemocy.

Nie stosują przemocy fizycznej, nie uciekają się do przemocy słownej, sama możliwość dopuszczenia się przemocy nie przejdzie im nawet przez myśl.

Nie zastępują jej „samoobroną", nie nazywają „rozrywką", a tym bardziej „sportem".

Nie potrafią żadną miarą usprawiedliwić zadawania drugiemu bólu fizycznego lub psychicznego, nawet najlżejszego.

Jak udało im się to osiągnąć? Czy jest na to jakaś recepta? Co takiego wiedzą WRI – a czego najwyraźniej nie wiemy my – że pozwala im to całkowicie wyzbyć się przemocy?

W ich społeczeństwie zanikła przemoc, gdyż z ich rzeczywistości zniknął gniew.

A to dlatego, że...?

Żyją w świadomości, że *niczego im nie ubędzie,* jeśli w każdej chwili i w każdych okolicznościach okazywać będą dobroć, życzliwość, troskę, współczucie, bezinteresowność, tolerancję i bezwarunkową miłość.

Wiedzą, że w żadnym wypadku i w żaden sposób nie mogą stracić życia ani niczego, co jest dla nich cenne, ponieważ nic nie jest dla nich cenne oprócz samej egzystencji, stwarzającej im sposobność doświadczania jedynej rzeczy, jakiej pragną.

A co to jest?

Doświadczenie własnej Boskości.

Więc te istoty nie umierają? Nawet w wyniku działania czynników zewnętrznych, które nie mają nic wspólnego ze stosowaniem przemocy? Nawet gdyby, dajmy na to, „czarna dziura" pochłonęła ich macierzystą planetę?

W fizycznym wszechświecie nie występują takie czynniki, które kazałyby WRI utożsamić zmianę postaci, w jakiej się akurat objawiają, z utratą życia czy kresem istnienia.

Czyli nie uważają przejścia ze stanu fizycznego do metafizycznego za jakikolwiek koniec?

Dokładnie. Wiedzą, że będą istnieć zawsze, że cokolwiek by się nie stało z ciałem, które przyjęły, ich byt się nie kończy. Nawet jeśli planetę, na której się ucieleśniły, pochłonie „czarna dziura".

Jeśli nie boisz się utraty życia, nie masz powodu, żeby posuwać się do przemocy? A jeśli na czymś ci bardzo zależy i boisz się, że to stracisz, albo nie możesz tego zdobyć?

Mistrzowie na twojej planecie uczyli was, że pragnienie jest źródłem wszelkiego cierpienia. A cierpienie z kolei jest źródłem wszelkiej przemocy. Usuń cierpienie, a przemoc ulotni się, zniknie, przepadnie.

Kiedy doznajesz pełnego przebudzenia, kiedy stajesz się Wysoko Rozwiniętą Istotą, uwalniasz się od wszelkich pragnień?

Pragnienia nie mają nad tobą władzy. W ten sposób chronisz się przed zgubą, jaką sprowadzasz na siebie, gdy pozwalasz, żeby rządziły tobą pragnienia. Jeśli wiesz, że twoje życie się nie kończy, wiesz jednocześnie, że masz całą wieczność, żeby urzeczywistnić to, czego pragniesz doświadczyć, albo odtworzyć to, czego już zaznałeś, lecz pragniesz doświadczyć ponownie.

Mówi się w kosmosie: Wieczne Życie niesie Wieczny Spokój.

I odwrotnie, jeśli wyobrażasz sobie, że twój czas na to, żeby doświadczyć tego, czego pragniesz, jest *ograniczony*, wyrzekniesz się spokoju, usilnie dążąc do osiągnięcia, a następnie do zachowania upragnionego doświadczenia.

Oto dzieje ludzkości w telegraficznym skrócie. Tymczasem WRI z Innego Wymiaru, w przeciwieństwie do ludzi, postrzegają życie jako wieczną rzeczywistość.

To *jest* wieczna rzeczywistość. Życie to wieczna rzeczywistość dla *wszystkich* myślących istot, lecz *niewiele* spośród myślących istot utożsamiających się ze swą cielesnością postrzega swą wieczność jako rzeczywistą. Doświadczają *fizykalności* jako czegoś realnego i sądzą, że gdy kończy się ich pobyt w ciele, kończy się też ich życie.

Niektórzy z was, co prawda, przyjmują koncepcję wiecznego życia, ale to w najlepszym przypadku teoria, doktryna, artykuł wiary. Kto wie, może i jest życie wieczne, ale nie ma co do tego pewności.

Ponieważ w pełni przebudzone istoty wiodą swój byt w Innym Wymiarze, mają pewność co do tego, że życie jest wieczne.

No jasne! Bo to dla nich nic trudnego! Doświadczają *tego w życiu. Nie ograniczają się do wierzeń, wyobrażeń, modlitw. I robią to… cóż, od* zawsze.

Wy również. Tylko że oni o tym wiedzą, a wy nie.

WRI pamiętają. Wy nie.

A możemy sobie przypomnieć? Jak możemy my, wszyscy *ludzie, się opamiętać?*

A czemu twoim zdaniem służy ten dialog?

12

Wyzbycie się przemocy rzeczywiście stanowi ogromną różnicę między sposobem życia Wysoko Rozwiniętych Istot a ludzi. Rozumiem, że ich pojmowanie życia jako niekończącego się doświadczenia z pewnością może stworzyć przesłanki do odrzucenia przemocy jako zbędnej. Ale czy jest może na to jakiś „praktyczny" sposób? Co mogłoby doprowadzić do ograniczenia czy wręcz wyeliminowania przemocy z naszej ziemskiej rzeczywistości?

W ciągu ostatnich tysiącleci ludzkość zetknęła się z wieloma różnego rodzaju koncepcjami głoszącymi życie wieczne. I chociaż tak wielu z nas wierzy w te doktryny, nie przyczynia się to w znaczący sposób do spadku agresji.

Jest praktyczny sposób, dzięki któremu możecie wyzbyć się przemocy jako społeczeństwo. Musicie po prostu porzucić swą obecną głęboką wiarę w to, że istnieje Podział.

Ach, no jasne. Nie potrzebuję pomocy Wysoko Rozwiniętych Istot z innego świata, żeby to zrozumieć. Wystarczy się rozejrzeć dookoła.

Widzę, że ludzie wierzący w Boga – a tacy stanowią przecież zdecydowaną większość na naszej planecie – wciąż wyznają Teologię Odrębności. Ich koncepcja Boga zakłada, że ludzie są „tutaj" a Bóg jest gdzie indziej, gdzieś „tam".

Nie miałoby to znaczenia, gdyby na tym sprawa się kończyła, ale na nieszczęście, z Teologii Odrębności rodzi się Kosmologia Odrębności, czyli postrzeganie całości istnienia w kategoriach oderwanych od siebie nawzajem elementów.

Pół biedy, gdyby to był tylko pogląd, ale na nieszczęście z Kosmologii Odrębności rodzi się Psychologia Odrębności, czyli psychologiczne uwarunkowanie oddzielności, mianowicie przekonanie, że ja jestem „tutaj", a wszyscy inni są „tam".

Nawet z tym moglibyśmy żyć, gdyby w grę wchodziło tylko samo przekonanie, ale, co gorsza, z Psychologii Odrębności rodzi się Socjologia Odrębności, czyli nasz sposób traktowania siebie nawzajem, który sprawia, że w ludzkim społeczeństwie każdy postępuję tak, jakby był oderwaną od reszty jednostką kierującą się własnym interesem.

A teraz wkraczamy na naprawdę niebezpieczny obszar, ponieważ z Socjologii Odrębności nieuchronnie rodzi się Patologia Odrębności – patologiczne zachowania autodestrukcyjne, którym oddajemy się z osobna i jako zbiorowość, i które sprowadzają na nas cierpienie, konflikty, przemoc i śmierć. Dzieje ludzkości na tej planecie wymownie o tym świadczą.

Moim zdaniem patologię tę może uleczyć tylko przez zastąpienie Teologii Odrębności Teologią Jedności. Teologia Jedności głosi, że różnimy się od Boga, ale nie jesteśmy od Boga oddzieleni, *jak palce ręki są różne, ale nie oddzielne; łączy je przecież wspólna ręka, a za pośrednictwem ręki wspólne ciało. Podobnie jest z ludźmi; różnimy się od siebie nawzajem, lecz nie istniejemy oddzielnie – łączy nas wspólne ciało Boga, którego jesteśmy cząstkami.*

Znakomicie to ująłeś. Tak przejrzysty wywód trafi do każdego.

Cóż, oczywiście, tę wiedzę zawdzięczam tobie. Teraz ponownie – jak we wszystkich poprzednich Rozmowach z Bogiem – *nadarza się nam doskonała sposobność, żeby uznać, że całość życia stanowi Jedność.*

Owszem. Wysoko Rozwinięte Istoty z Innego Wymiaru nie tylko to rozumieją, one tego doświadczają.

Wiedzą, że życie jest wieczne, a co ważniejsze, że nie ma odrębności we wszechświecie; nic nie istnieje w oderwaniu od reszty. Ta świadomość to opoka ich sposobu życia, to fundament ich cywilizacji.

My dopiero uczynimy pierwszy krok w tym kierunku, kiedy przebudzimy się jako zbiorowość. Do tej pory, po tylu latach na tej planecie – po tylu tysiącleciach – *ciągle jeszcze nie zdołaliśmy go postawić.*

To krok, od którego teraz wszystko zależy. Lecz nie zniechęcaj się wyliczaniem tego, czego nie zdołaliście uczynić. Niech uskrzydli cię myśl o tym, czego dokonacie.

Mam szczerą nadzieję, że tak się stanie, ponieważ wprowadzenie tej idei w życie oznaczałoby początek końca obecnego porządku rzeczy na naszej planecie. Zwiastowałoby nowe jutro, erę tworzenia nowego doświadczenia na Ziemi. Otworzyłoby nowy rozdział w Kulturowych Dziejach Ludzkości.

Mam ochotę wybiec na ulicę i głosić wszem i wobec: Jedność nie jest właściwością życia. Życie jest właściwością jedności.

To byłoby dobitne przesłanie. I dobitnie wyrażone.

Tak. Tej prawdy o naszym istnieniu na Ziemi dotąd nie zrozumieliśmy, a zrozumienie jej wszystko by zmieniło.

Życie jest wyrazem jedności. Bóg jest wyrazem Życia. Bóg i Życie to jedno. Jesteśmy częścią życia. Pozostajemy w jego kręgu, nie możemy się z niego wyrwać. Zatem jesteśmy częścią Boga. Koło się zamyka.

Pojmujesz życie dokładnie tak jak Wysoko Rozwinięte Istoty. I nie jesteś w tym odosobniony na Ziemi.

Trzeba teraz, aby wszyscy, którzy mają taką świadomość, samookreślili się, a następnie przyłączyli się do wspólnego dzieła przebudzenia ludzkości.

Ale bez uderzania w górnolotny ton, który mógłby tylko udaremnić ich starania, sprawiając, że nikt nie chciałby ich słuchać.

Dobrze, że tak to podkreślasz. Rzeczywiście, twoje starania byłyby daremne, gdybyś oddzielił się od innych i przemawiał z pozycji tego, który *wie*, uważając, że twoje zadanie polega na uświadamianiu tych, którzy *nie wiedzą*.

Chodzi o to, aby uświadomić innym, że też *już* wiedzą, lecz może po prostu nie wiedzą, że wiedzą.

To ma być łagodne przebudzenie, delikatne dotknięcie, nie gwałtowne szarpnięcie, po którym wszyscy pragną jedynie znów zaznać ukojenia we śnie.

No dobrze. Widzę teraz, że ta zmiana, od której wszystko zależy, to nic innego jak Jedna Decyzja, o której mówiłem wcześniej, tyle że wyrażona innymi słowami. Mogłaby szybko doprowadzić do upowszechnienia się nowego sposobu życia na Ziemi. Na myśl o tym przechodzą mnie ciarki. Wizja ot-

wierających się przed nami możliwości wywołuje we mnie dreszcze.

Próbuję wyobrazić sobie, jak wyglądałoby to w praktyce, gdybyśmy w naszym codziennym życiu postępowali zgodnie z zasadami, do których przyjęcia zachęcają nas Wysoko Rozwinięte Istoty.

Mogę podać ci całą listę tych zasad.

Świetnie. Zamieniam się w słuch.

13

Warto je zapamiętać. Albo przynajmniej umieścić w widocznym miejscu, żeby często mieć je przed oczami.

1. Przebudzona istota rozumie, że Wszystko w Życiu stanowi Jedność. Ludzie w obecnym stanie uśpienia często temu przeczą lub nie przyjmują tego do wiadomości.
2. Przebudzona istota mówi prawdę, zawsze. Ludzie w obecnym stanie uśpienia zbyt często okłamują zarówno innych, jak i samych siebie.
3. Przebudzona istota mówi, że coś zrobi, i robi to. Ludzie w obecnym stanie uśpienia często mówią jedno a robią drugie.
4. Przebudzona istota, wiedząc, jak jest, i akceptując to, zawsze wybiera działanie, które się sprawdza. Ludzie w obecnym stanie uśpienia często robią na odwrót.
5. Przebudzona istota nie uznaje w społecznym życiu zasady, która odpowiada ludzkim pojęciom „sprawiedliwości" i „kary".
6. Przebudzona istota nie uznaje w społecznym życiu zasady, która odpowiada ludzkiemu pojęciu „niewystarczalności".
7. Przebudzona istota nie uznaje w społecznym życiu zasady, która odpowiada ludzkiemu pojęciu „własności osobistej".

8. Przebudzona istota dzieli się wszystkim ze wszystkimi cały czas. Ludzie w obecnym stanie uśpienia dzielą się z innymi tylko w pewnych okolicznościach.
9. Przebudzona istota dąży do zachowania równowagi między technologią i kosmologią, między przemysłem i przyrodą. Ludzie w obecnym stanie uśpienia często zakłócają tę równowagę.
10. Przebudzona istota w żadnych okolicznościach nie przerwałyby obecnego cielesnego istnienia drugiej myślącej istoty, chyba że na jej wyraźne życzenie. Ludzie w obecnym stanie uśpienia często zabijają innych ludzi, choć tamci wcale ich o to nie proszą.
11. Przebudzona istota nigdy nie zrobiłaby czegoś, co mogłoby zagrozić lub zaszkodzić środowisku, które jest niezbędne dla przetrwania przedstawicieli jej gatunku, gdy przyjmują fizyczną postać. Ludzie w obecnym stanie uśpienia robią takie rzeczy często.
12. Przebudzona istota nigdy nie przyjmuje czegoś, co jest dla niej trujące. Ludzie w obecnym stanie uśpienia często to robią.
13. Przebudzona istota nigdy nie rywalizuje z innymi. Ludzie w obecnym stanie uśpienia często ze sobą konkurują.
14. Przebudzona istota ma jasną świadomość, że niczego nie potrzebuje. Ludzie w obecnym stanie uśpienia często tworzą dla siebie doświadczenie oparte na potrzebach.
15. Przebudzona istota doświadcza bezwarunkowej miłości i miłuje bezwarunkowo innych. Ludzie w obecnym stanie uśpienia nie potrafią sobie wyobrazić Boga, który kocha bezwarunkowo, a tym bardziej siebie samych kochających bezwarunkowo.

16. Przebudzona istota nauczyła się wykorzystywać moc metafizyczną. Ludzie w obecnym stanie uśpienia z reguły są na nią ślepi.

Oczywiście, rozbieżności jest więcej, są to tylko wybrane, najistotniejsze cechy istoty przebudzonej, które odróżniają ją od ludzi w obecnym stanie uśpienia.

Kurczę, ta lista brzmi jak potępienie naszego gatunku, naszego sposobu życia.

Czy stwierdzenie, że dorośli rozumieją więcej niż trzylatek, to „potępienie" trzylatka?

Raduj się swoją wiedzą! Raduj się tym, że wyraźnie dostrzegasz różnice między swoimi zachowaniami a zachowaniami, które mogą ci przynieść korzyść, jeśli przyjmiesz je z własnej woli.

Niech przyrost wiedzy cieszy cię tak, jak cieszą cię pierwsze kroki dziecka.

Dziękuję, że mi o tym przypomniałeś. Często podkreślasz, że tak naprawdę jesteśmy bardzo młodym gatunkiem. Warto przedstawić tę prawdę w bardziej namacalny, uchwytny sposób, żeby ludziom łatwiej było to sobie uzmysłowić.

Wiele osób uważa nasz gatunek za wysoko rozwinięty. Tymczasem ludzkość dopiero co ukończyła etap dzieciństwa. *W swej pracy* New World New Mind, *Robert Ornstein i Paul Ehrlich ukazują dzieje naszego gatunku z niezwykłej i oszałamiającej perspektywy. Pozwolę sobie zacytować:*

„Załóżmy, że historia Ziemi naniesiona została na roczny kalendarz, na którym 1 stycznia odpowiadałby powstaniu Ziemi a północ 31 grudnia oznaczałaby czasy współczesne.

Każdy dzień w tym Ziemskim „roku" równałby się 12 milionom lat rzeczywistej historii świata. W tej skali czasowej pierwsza forma życia, prosta bakteria, pojawiłaby się w lutym. Natomiast bardziej złożone organizmy wykształcają się dużo później – pierwsze ryby około 20 listopada, dinozaury 10 grudnia, a znikają 25 grudnia. Pierwsi nasi przodkowie o rozpoznawalnych ludzkich cechach wkraczają na scenie dopiero 31 grudnia po południu. *Homo sapiens – nasz gatunek – pokazuje się na scenie zaledwie kwadrans przed północą... a cała nasza zapisana historia rozgrywa się w ciągu ostatniej minuty roku".*

Rzeczywiście świetnie obrazuje to dzieje ludzkości. I ustanawia kontekst, w ramach którego staje się zrozumiałe, dlaczego ludzie tak często zaprzeczają świadectwu swoich zmysłów. Zaprzeczają nawet własnym uczuciom i w końcu wypierają się swojej prawdy.

Ale tak często powtarzane tu spostrzeżenie, że znajdujemy się jeszcze na wczesnym etapie rozwoju, napełnia mnie zarazem nadzieją. Wspominałem już o tym wcześniej. Widzę przed nami, przed całą ludzkością i przed każdym z nas z osobna, wielką, wspaniałą przyszłość, gdy „dorośniemy" i nauczymy się wykorzystywać drzemiący w nas potencjał.

Wasza wymarzona sposobność nadchodzi. Widać ją już na horyzoncie.

Tak, to naprawdę *Idealna Chwila na Postęp! Ale czy musimy czekać – chyba wiem, jaka jest odpowiedź, lecz i tak zadam to pytanie – czy musimy czekać, aż cała ludzkość się przebudzi, lub choćby większość z nas, żeby móc doświadczyć życia jako Wysoko Rozwinięte Istoty? Bo może upłynąć dużo, dużo czasu, zanim osiągniemy ten stan jako zbiorowość.*

Masz rację. Już znasz odpowiedź na to pytanie. Mało, że nie musicie czekać – nie *wolno* wam czekać.

Historia pokaże, kto na Ziemi z własnego wyboru samookreśli się jako osoba, która konsekwentnie manifestować będzie taką postawę, i przez swoje czyny i słowa, przyłączy się do ogólnoświatowego ruchu na rzecz przebudzenia ludzkości.

Kto na Ziemi w pełni i z radością objawi swą Prawdziwą Naturę, i kto pospołu z innymi zbuduje świetlaną przyszłość, która dzięki temu nastanie?

14

To porywająca wizja. Teraz widzę, że wiedza na temat Wysoko Rozwiniętych Istot może nam się przydać, pomóc nam w przebudzeniu – czy jak ty to ujmujesz, w uświadomieniu sobie, że już się przebudziliśmy – i przyczynić się do przebudzenia ludzkości.

Mam ochotę wyjść do ludzi i głosić im te zasady, które jak słusznie wskazałeś, wcale nie są „nie z tej ziemi" – to po prostu zasady miłości w wyższym, wspanialszym wydaniu. Najpierw zamierzam sam wcielić je w życie, a potem dzielić się nimi z innymi.

Mam gorącą prośbę. Czy zechciałbyś rozwinąć poszczególne punkty z tej listy, omówić szerzej zasady, żebym miał jasny obraz, jakby to „wyglądało", gdybym starał się żyć zgodnie z nimi i głosić je w prawdziwym życiu?

Z przyjemnością. Zacznijmy od pierwszego punktu.

1. Przebudzona istota rozumie, że Wszystko w Życiu stanowi Jedność. Ludzie w obecnym stanie uśpienia często temu przeczą lub nie przyjmują tego do wiadomości.

Wysoko Rozwinięte Istoty nigdy nie wątpią w to, że wszystkie rzeczy stanowią Jedno; wiedzą z doświadczenia, że istnieje tylko Jedno i obejmuje ono wszystkie byty.

Ponieważ istnieją w innymi wymiarze, przyjmują to nie tylko koncepcyjnie – przekonują się o tym „naocznie". Potrafią dostrzec to, co dzieje się na poziomie wewnątrzcząsteczkowym.

Widzą, że we wszechświecie występuje tylko jedna energia – jedno Źródło, jedna Siła – i ta energia po prostu miesza w różnych proporcjach podstawowe elementy, które się na nią składają, jednego składnika trochę dodaje, innego odejmuje, a następnie zmienia częstotliwość ich drgań i zespala je w jedno. W ten sposób powstają poszczególne, odmienne przejawy Podstawowej Podstawy.

Ja nazwałem te przejawy Osobliwymi Postaciami Osobliwości.

To określenie świetnie oddaje ich istotę. Wszystko, co istnieje, powstaje za sprawą tej alchemii, która sporządza „przepis na uniwersalną zupę".

Poszczególne elementy przyciągają się wzajemnie przez świadomy wybór dokonywany przez każdy z nich, pod wpływem zespolonej energii Podstawowej Podstawy, tworzącej, jak to nazywacie, Duszę.

Chwileczkę. Na elementarnym poziomie występuje „świadomość"?

Oczywiście. To, co według ciebie stanowi elementarny poziom, to nic innego jak świadomość. Świadomość w Akcji.

Każda komórka w twoim ciele działa w sposób inteligentny. Wystarczy, że rozetniesz sobie palec, a do miejsca skaleczenia od razu pędzą odpowiednie cząsteczki krwi, żeby goić ranę. *Myślisz, że komórki w twoim ciele nie wiedzą, co robią i dlaczego?*

Powiadam ci, każdy element składający się na wszechświat przejawia na swój elementarny sposób inteligencję.

O, mój Boże.

No właśnie.

Potrafią ze sobą rozmawiać? Zgoda, „rozmawiać" to nie jest odpowiednie słowo. Czy komórki w ciele potrafią się ze sobą porozumiewać?

Oczywiście. A czym twoim zdaniem jest „myśl"?

„Myśl" to wynik porozumiewania się komórek?

Dokładnie. Trafiłeś w sedno. Wiesz przecież, jak działają komórki w mózgu?

Owszem, ale to jest szara substancja, czyli neurony, przekaźniki, peptydy, dendryty. Komórki w ciele w niczym nie przypominają komórek w mózgu.

Czyżby? A kto ci to powiedział?

Powtórzę jeszcze raz: każda drobina życia przejawia na swój elementarny sposób inteligencję. Dotyczy to *każdej komórki we wszechświecie, każdej cząsteczki, każdej cząstki wewnątrz atomu.*

W takim razie musi być sposób na to, żeby skłonić komórki ciała do wymaganego konkretnego działania! Na przykład, wyleczenia z choroby.

Masz rację, jeśli chodzi ci o to, że energia twoich myśli oddziałuje na komórki w twoim ciele.

Czytałem o pewnym francuskim psychologu i farmaceucie, Emilu Coué, który na początku dwudziestego wieku zastoso-

wał metodę psychoterapii opartą na świadomej optymistycznej autosugestii. W ramach eksperymentu poprosił chore osoby, żeby powtarzały dwadzieścia razy w ciągu dnia – a zwłaszcza rano i przed zaśnięciem – prostą mantrę: Tous les jours à tous points de vue je vais de mieux en mieux. Każdego dnia, pod każdym względem, mój stan się poprawia.

I jakie to przyniosło wyniki?

Stan znacznej części uczestników poprawił się!

Nic dziwnego.

Wielkie nieba, a czy w takim razie można sprawić, żeby większość komórek stawiała sobie ten sam cel, i to jak najczęściej?

Ha! Bardzo podobne pytanie zadajecie sobie teraz w odniesieniu do ogółu mieszkańców waszej planety.

W rzeczy samej. Dokładnie takie samo.

A odpowiedź brzmi: można, przez *zestrojenie.*

Wyboru wspólnego działania, w zgodzie i harmonii z innymi, dokonują elementy procesu życia, gdy w obrębie występowania tych elementów następuje zestrojenie co do celu.

Komórki ciała będą działały w zgodzie i harmonii z innymi, gdy nastąpi zestrojenie z Duszą co do kierunku, jaki obiera w każdym momencie twoje życie, w oparciu o dążenia Duszy w danej femtosekundzie.

Musiałem sprawdzić w słowniku. Femtosekunda to jedna biliardowa część sekundy.

Zgadza się. A twoja Dusza to Źródło energii Podstawowej Podstawy, które nosisz w sobie.

Dusza to „Bóg wewnątrz nas".

W samej rzeczy. Nie tylko w myśli, nie tylko w słowie, ale w samej rzeczy.

Dusza to przejaw, obecnie w tej jednostkowej postaci, istoty, która jest Bogiem. To Bóg „objawiony".

W naszym przypadku Dusza to Bóg w ludzkiej postaci, a ludzka postać to Dusza stająca się Bogiem!

Dokładnie! Absolutnie! Oczywiście! Pewnie!
Świetnie to ująłeś.

Rany, przez myśl mi nie przeszło, że zapuścimy się tak głęboko w rejony metafizyki. Nurtuje mnie jednak pytanie: czy z tych rozważań wynika, że każdą subatomową cząstkę każdej formy życia we wszechświecie trzeba namawiać *do określonego działania? Czy wynika z nich, że nawet najdrobniejszy okruch energii ma świadomość wystarczającą do podejmowania* decyzji *przez dokonanie* wyboru *spośród zarysowujących się przed nią* alternatyw*?*

To przecież istny obłęd! Mniejsza o pozostałych ludzi na planecie. Jak ja sam sprawiam, że wszystkie te drobiny we mnie *zgadzają się robić to samo?*

Oto jest pytanie.

Najważniejsze od wieków.

Ale w gruncie rzeczy sprawa jest prostsza, niż myślisz.

Monsieur Coué twierdzi, że w istocie tak prosta, jak *myślę!*

Na tym polega największa tajemnica życia. Gdy to pojąłeś, osiągnąłeś mistrzostwo.

No dobrze, ale chciałbym wiedzieć, jak ten proces przebiega na poziomie metafizycznym. Tysiąc razy słyszałem, że nasze myśli mają moc sprawczą, ale jak to działa na płaszczyźnie metafizycznej, z czego to działanie wynika?

Twoja ciekawość poznawcza jest nienasycona. Zatem chcesz poznać tajniki alchemii rządzącej wszechświatem?

15

Nie zaplanowałem z góry *przebiegu tej rozmowy. Zmierza tam, dokąd zmierza. Wiem, że odwlekam obiecane wspólne zgłębienie zasad, którymi kierują się Wysoko Rozwinięte Istoty, ale ta kwestia tak mnie fascynuje, że nie mogę się oprzeć. Moglibyśmy poświęcić jej chwilę?*

Zgoda, niech ci będzie. Oczywiście, można by na to poświęcić całą książkę. Drodzy Państwo, oto metafizyka w pigułce: Krótkie wprowadzenie do Najwyższej Rzeczywistości.

Jak już mówiłem, wszystkie elementy życia zdradzają, jak to nazywacie w waszym języku, „inteligencję" – czyli inaczej, Świadomość Własnej Przyrodzonej Funkcji.

Ta Świadomość wypełnia bez reszty każdą najmniejszą cząstkę. Innymi słowy, każdy element przesiąknięty jest Boską Inteligencją na wskroś, do granic. W gruncie rzeczy, nie minęlibyśmy się z prawdą, twierdząc, że ów element JEST tą inteligencją w postaci cząstkowej.

Czyli każdy element życia, z cząstkami subatomowymi włącznie, to okruch Boskiego Umysłu.

Z twoim zmysłem poetyckim nie mogłeś inaczej tego wyrazić... a ja nie zamierzam się z tobą sprzeczać, nie ma ku temu powodu.

Składniki Podstawowej Podstawy przyciągają się nawzajem za sprawą cechy czy właściwości, którą w kategoriach ludzkich należałoby nazwać „wspólną funkcją".

To znaczy, *wszystkie starają się coś robić*. I starają się robić *to samo*. Wszystkie bez przerwy są w ruchu, nieustannie wibrują i mają w tym cel.

Ich celem jest BYCIE. A wiedzą, że życie to ruch. Jeśli ruch zamiera, to, co nazywacie życiem, dobiega końca.

Życie = Ruch = Życie.

Tak.

A jeśli chodzi o to, *czym* każdy element chce być, *nie ma to znaczenia*. Poszczególne elementy nie mają upodobań w tym względzie. Chcą po prostu istnieć. Ich pragnieniem jest „być".

To tak zwane „zestrojenie" – oraz wynikłe stąd wspólne działanie, które masz na myśli – osiąga się przez wpływ wibracji dowolnej większej siły, wykraczającej poza dany element.

Tak to się odbywa w całej naturze. Im większa siła, tym mocniej wpływa na każdy element w obrębie jej Pola Oddziaływania. Zatem każdy element, który znajdzie się w Polu Oddziaływania większej siły, zestroi się z siłą, która na niego wpływa.

Nikt jeszcze nie wyłożył mi tego w ten sposób. Dlaczego równie przystępnie nie tłumaczy się tych zagadnień dzieciom już od najmłodszych lat?

Tłumaczy się. W społeczeństwach Wysoko Rozwiniętych Istot. Tą wiedzą obdarowuje się każdego nowo przybyłego członka, uczy się go o Jedności Życia i o Kręgu Życia.

A zatem, jeśli jako twórcze byty pragniecie, żeby wszystkie elementy życia, włącznie z tymi najdrobniejszymi, podążały w pożądanym kierunku, musicie doprowadzić do ich zestrojenia z pomocą siły zespolonej energii, zogniskowanej w określony sposób.

Tą siłą jest *myśl*.

Ale w jaki sposób energia się ogniskuje? Co sprawia, że energia – czyli myśl *– jest zogniskowana w określony sposób?*

Pragnienie.

Pragnienie Duszy. Pragnienie to inaczej Dusza.

Dusza to uosobiony wyraz Boskiego pragnienia, którym jest doświadczyć Siebie.

Pragnienie daje początek intencji. Z intencji rodzi się myśl. Myśl to sprężyna działania. Działanie przynosi wynik.

Lecz nie każda myśl rodzi się z intencji, której początek daje pragnienie Duszy. Myśl może też pojawiać się niejako „samowolnie", jako impuls energii zrodzony z pragnień powstających w ciele.

To prowadzi do innego rodzaju działania, które może przynieść skutek całkowicie odbiegający od zamysłu Duszy. Dusza zaszczepiła swój zamysł w twoim umyśle, lecz twoje ciało sprawiło, że chwilowo postępowałeś *nieumyślnie*.

Tak się dzieje, gdy utożsamiasz się z ciałem i zapominasz, że jesteś Duszą.

Większość z nas żywi nadzieję, *że ma Duszę, albo* wierzy, *że ma Duszę, ale nie jest tego* pewna. *Za to co do tego, że posiadamy ciało, nie mamy najmniejszych wątpliwości; i tak na ogół siebie postrzegamy, jako ciało.*

Twoja umiejętność dokonywania intelektualnej syntezy zasługuje na pochwałę. Oto jak należy zestawiać ze sobą poszczególne fragmenty układanki.

Każdy element Podstawowej Podstawy – od indywidualnej Duszy po każdą pojedynczą jednostkę energii w twoim ciele (i we wszechświecie) – przepojony jest Pragnieniem, stanowiącym określoną formę energii, które jest wprost proporcjonalne do wielkości tego elementu.

Drobne cząstki mają słabsze pragnienie. Duże, które powstają wskutek przyciągania mniejszych elementów tworzących większe skupiska, odznaczają się silniejszym pragnieniem.

Siła Pragnienia występującego w danym elemencie procesu Życia odpowiada dokładnie wielkości tego elementu. Wyobraź sobie Pragnienie jako zapłon w motorze Życia.

Czyli jeśli „Bóg" to wszystko, co istnieje, to Boskie Pragnienie jest najsilniejsze i żadne inne Pragnienie nie może się z nim równać.

Słusznie. Trafne spostrzeżenie. A Pragnieniem Boga jest to, żeby każda myśląca istota – czyli każdy element procesu Życia na tyle duży i na tyle złożony, żeby wykazywać samoświadomość – miała możliwość tworzenia swej rzeczywistości z pomocą Wolnej Woli i Świadomego Wyboru.

Inaczej mówiąc, w ujęciu alchemicznym, Pierwotnemu Budulcowi Życia – tym poszczególnym drobinom wchodzącym w skład Podstawowej Podstawy – jest obojętne, jaki *kształt* nada mu zestrojenie elementów.

Natomiast twoja Dusza, która jest skupiskiem takich cząstek, przejawia intencję. Twoja Dusza to umiejscowiona obecność Boskiej Intencji, którą jest w każdej chwili wyrażanie Boskości tak, *jak Boskość tę pojmuje każda myśląca istota.*

Nic nie ogranicza jej swobody tworzenia. Może tworzyć, co tylko zechce, czyli Boskość w najświetniejszym Jej przejawie. Inaczej mówiąc – wszyscy macie Wolną Wolę.

Zauważ, że od samego początku, już od pierwszej naszej rozmowy powtarzałem: Bóg nie ma preferencji, jeśli chodzi o to, co robicie ze swoim życiem. Moim jedynym Pragnieniem jest zapewnienie możliwości spełniania się *waszych* preferencji.

Zatem wszystko, co dokonuje się w tej „materii", czyli to, co za waszą sprawą z czystej energii przeistacza się w materię, jest waszą – indywidualną i zbiorową – sprawą. W swoich wyborach możecie iść za głosem Ciała, Umysłu albo Duszy.

Oto metafizyka w pigułce: krótkie wprowadzenie do Najwyższej Rzeczywistości.

16

Jasny gwint, ależ to niesie ze sobą ogrom następstw. Mógłbym dyskutować z tobą na ten temat całe wieki, ale chcę wrócić do zagadnień z naszej listy, żeby było wiadomo, do czego zmierzamy starając się ocknąć z długiego snu...

... pamiętaj też o przebudzeniu, któremu jednak nie towarzyszy świadomość ani odpowiednie postępowanie...

... dobrze... i żywiąc skromną nadzieję przebudzić innych. Proponuję przejść do punktu numer 2.

Zgoda. Punkt numer 2 brzmi: Przebudzona istota mówi prawdę, zawsze. Ludzie w obecnym stanie uśpienia zbyt często okłamują zarówno innych, jak i samych siebie.

Trudno, na przykład, byłoby wam przekonać Wysoko Rozwinięte Istoty, że nieustanny strumień dźwięków i obrazów, jakim bombardowane jest wasze potomstwo, nie ma absolutnie żadnego wpływu na jego poglądy na życie, a co za tym idzie, w żaden sposób nie rzutuje na to, jak następne pokolenie tworzy swe codzienne doświadczenie.

Wy z kolei *nie możecie* przyznać, że wzrost przemocy w społeczeństwie, przynajmniej w pewnym stopniu, wynika z niemal wszechobecnego natłoku obrazów ukazujących przemoc, ponieważ gdybyście uznali, że tak jest, musielibyście podjąć odpowiednie działania. A ponieważ uważacie, że nic na to *nie możecie* poradzić, łatwiej przymknąć na to oko.

Tak, wiele razy poruszaliśmy temat programów telewizyjnych, filmów, gier wideo, stron internetowych, a nawet dziecięcych zabawek, *które obrazują przemoc, a niekiedy wręcz zachęcają dzieci do zadawania przemocy „na niby". Przemoc, przemoc,* przemoc *na każdym kroku.*

A wy zakładacie, że nie jesteście w stanie temu przeciwdziałać. Pozwalacie sobie na bezsilność.

Podobnie jest z paleniem papierosów. Z niezdrowym odżywaniem się. Z brakiem aktywności fizycznej. I z powszechnie uznawanymi przez społeczeństwo „wartościami", które są zarzewiem nieustannych konfliktów międzyludzkich.

Dostrzeganie szkodliwych dla siebie i innych zachowań i niepodejmowanie działań zmierzających do ich wyeliminowania, cechuje te istoty myślące, które nie dbają o siebie lub nie rozumieją siebie na tyle, żeby wyświadczyć sobie przysługę i przestać wyrządzać sobie krzywdę.

Takiego postępowania można się spodziewać po czterolatku, ale nie po jego czterdziestoletnich rodzicach. Musimy więc przynajmniej trochę dorosnąć, żeby ujrzeć prawdę i mówić *prawdę o tym, co widzimy.*

Tak, to byłby dobry początek.

A Wysoko Rozwinięte Istoty nigdy nie odwracają się od prawdy, zawsze ją dostrzegają i głoszą, bez względu na okoliczności.

Zgadza się. Zważywszy na intencję, którą się kierują jako zbiorowość, przebudzone istoty są niezdolne do kłamstwa. Zdążyły się przekonać, że oszukiwanie siebie i innych niczego dobrego nie przynosi; zamiast przybliżać oddala wręcz urzeczywistnienie wspólnych pragnień i zamiarów.

Dla Wysoko Rozwiniętej Istoty komunikowanie nieprawdy jest właściwie niemożliwe, ponieważ przy każdej próbie kłamstwa jej indywidualna wibracja uległaby zmianie, wskazując dobitnie, iż to, co głosi, pozostaje w sprzeczności z jej wiedzą i pojmowaniem.

U nas jest podobnie. Kiedy dopuszczamy się kłamstwa, zdarza się nam – przynajmniej niektórym – całkiem niezamierzenie oblać się rumieńcem.

Owszem, tyle że tamten proces przebiega na wyższym poziomie. Cała istota zaczęłaby się trząść i wibrować z tak zmienną prędkością, że prawda od razu wyszłaby na jaw. Kłamstwo nie ma tam racji bytu.

Zauważ, że gdy ludzie mają te same pragnienia i zamiary, nie okłamują się nawzajem. Okłamując drugą osobę okazujesz po prostu, że tobie zależy na czymś innymi niż jej. Pewnie uznasz, że nie ma w tym stwierdzeniu nic odkrywczego, ale odpowiedź na pytanie, co z tym zrobić, może nie być już tak oczywista.

Otóż kłamstwo zniknie, gdy zlikwidujecie podział. Kiedy wasza cywilizacja uzna, że w rzeczywistości istniejecie jako jedno, w wielorakich postaciach, i że macie tylko jedno pragnienie, zacznie wam przyświecać jedna wspólna intencja.

A tym pragnieniem jest?

Osiągnąć pełnię w wyrażeniu tego, co pragnie wyrazić każda istota.

Czyli?

Przypomnę po raz kolejny: każda istota pragnie doświadczyć tego, czym jest naprawdę. Boskości. W waszym ludzkim językiem Jej odpowiednikiem jest Miłość. Energia, którą nazywacie „miłością".

Jedność wszechświata to wyraz Boskiej Miłości dla całego Życia we wszystkich jego postaciach.

17

Nie mogę się doczekać twojego komentarza do trzeciego punktu na liście.

3. Przebudzona istota mówi, że coś zrobi, i to robi. Ludzie w obecnym stanie uśpienia często mówią jedno, a robią drugie.

Co więcej, ludzie nie zawsze mówią to, co myślą. W ocenie Wysoko Rozwiniętych Istot, niewyrażanie słowami tego, co ma się na myśli – a to zasadniczo różni się od kłamania w żywe oczy – byłoby zachowaniem nieprzynoszącym korzyści.

Co dobrego wynika z myśli, której nie wyraża się słowami? W oczach Wysoko Rozwiniętych Istot równie płonne jest niewprowadzanie własnych słów w czyn.

A jeśli myśl, która przyszła mi do głowy, nie jest zbyt przyjemna?

To pozwól jej odejść. Odpędź ją. Zdarza się, że uczepi się ciebie myśl, która bierze się nie wiadomo skąd, po prostu nie pozwól jej na dobre się w tobie zagnieździć.

A jeśli nic nie mogę na to poradzić?

Słucham? Wydaje ci się, że *nic nie możesz poradzić na to, jakie hodujesz w sobie myśli?* Nic dziwnego, że twój gatunek jest w takich opałach!

Tak, wiem. I tak już w dużym stopniu *zmieniłem swoje myślenie. Ale mimo to nie każda myśl, która krąży mi po głowie, zasługuje na podzielenie się nią z innymi.*

To się nie dziel. Wyrażaj tylko te myśli, pod którymi się podpisujesz, przy których obstajesz.

A przy okazji, wiesz chyba, że każda myśl, przy której obstajesz, to modlitwa?

Spokojnie, luzik.

Żebyś wiedział, słowo „luzik" pasuje tu jak ulał. Wysoko Rozwinięta Istota nie „spina" się i natychmiast porzuca myśl, której nie chce wyrazić. Można powiedzieć, że się *rozmyśliła.*

Za każdym razem, gdy przyjdzie jej do głowy jakiś źle wróżący pomysł, po prostu natychmiast zmienia zdanie.

Wysoko Rozwinięte Istoty mają w tym wielką wprawę; ich umysły nie dopuszczają do siebie na dłużej niż ułamek sekundy żadnej myśli, której urzeczywistnienie uznają za niepożądane. Nie obstają przy niej, natychmiast się z nią rozstają, gotowi powziąć następną, korzystniejszą.

Można by to nazwać Ruchem Nowej Myśli i tworzyć grupy ludzi, którzy dobrowolnie chcieliby tę umiejętność ćwiczyć.

Tak, wspominałeś już o tym kiedyś.

I na pewno jeszcze wspomnę, jeśli będzie tego wymagała sytuacja.

Zatem nie przywiązuj się do krążących ci po głowie myśli, jeśli trudno uznać je za dobroczynne. Natomiast jeśli chodzi za tobą myśl, która wydaje się obiecująca, bez skrępowania dziel się nią z każdym, kto może z niej skorzystać.

Co się zaś tyczy postępowania zgodnie z wyrażoną intencją, niech twoje słowo będzie rękojmią. A jeśli uważasz, że nie uda ci się spełnić obietnicy, którą w danej chwili rozważasz... *nie wypowiadaj jej.*

Jeśli natomiast z pełnym przekonaniem zobowiązujesz się do zrobienia czegoś, a później okazuje się, że wskutek pewnych niezależnych od ciebie okoliczności nie możesz się wywiązać z obietnicy, idź i wyjaśnij to każdemu, kto był obecny przy tym, jak podejmowałeś zobowiązanie.

Mów prawdę każdemu o wszystkim. Tak postępują Wysoko Rozwinięte Istoty.

Widzę teraz, że kilka punktów z początku listy jest ze sobą powiązanych. Na przykład następny, czwarty punkt odnosi się bezpośrednio do poprzednich.

Racja. Punkt numer 4 brzmi: Przebudzona istota, wiedząc, jak jest, i akceptując to, zawsze wybiera działanie, które się sprawdza. Ludzie w obecnym stanie uśpienia często robią na odwrót.

Przypomina to trzy pierwsze zasady, tylko że ujęte z innej perspektywy.

Czy mógłbyś pokazać na przykładach, w jaki sposób zasada numer 4 odnosi się do codziennego życia na Ziemi, i opisać jej skutki objawiające się w naszym doświadczeniu?

Bardzo chętnie. A ponieważ, jak słusznie zauważyłeś, kwestie te są ze sobą powiązane, warto pokusić się o małe zestawienie.

Jeśli obrałeś sobie za cel życie w pokoju, radości i miłości, to w twoim życiu *przemoc się nie sprawdza.* To *już zostało unaocznione.*

Jeśli obrałeś sobie za cel życie długie w dobrym zdrowiu, to spożywanie mięsa, palenie substancji rakotwórczych i wlewanie w siebie mącących w głowie i przytępiających zmysły płynów *się nie sprawdza.* To *już zostało unaocznione.*

Jeśli obrałeś sobie za cel wychowanie potomstwa wolnego od gwałtowności i gniewu, to pokazywanie mu – w wieku, kiedy jest najbardziej podatne na wpływy – obrazów gwałtowności i gniewu *się nie sprawdza.* To *już zostało unaocznione.*

Jeśli obrałeś sobie za cel troszczyć się o Ziemię i mądrze gospodarować jej zasobami, to traktowanie jej jako źródła niewyczerpanych bogactw *się nie sprawdza.* To *już zostało unaocznione.*

Jeśli twoim celem jest odkryć i pielęgnować więź z miłującym Bogiem, aby religia mogła oddziaływać na bieg ludzkich spraw, to głoszenie wiary w boga osądzającego, karzącego i mściwego *się nie sprawdza.* To *już zostało unaocznione.*

Podać więcej przykładów?

Nie, dziękuję, wystarczy w zupełności.

Wszystko ładnie się ze sobą łączy. Chodzi mi o to, że jedno w naturalny sposób prowadzi do drugiego. Dużo łatwiej byłoby ludziom przestać mówić jedno, a robić drugie, gdyby wyzbyli się skłonności wymienionych na samej „górze" listy.

Po pierwsze skłonności do postrzegania każdej rzeczy i każdej istoty w oderwaniu od reszty, oddzielnie, a nie razem, w powiązaniu z innymi. Dalej, skłonności do udawania, że nie widzą, jak jest. I wreszcie, skłonności do niemówienia prawdy każdemu o wszystkim.

Wówczas przemogliby *pociąg, opisany w punkcie numer 3, do mówienia jednego a robienia czego innego, i mogliby zabrać się za wdrażanie tego, „co się sprawdza", wiedząc, „jak jest", i akceptując to.*

Pięknie powiedziane. Pięknie podsumowane. Wszystkie te wątki zgrabnie splotłeś w jedną całość.

To dzięki jasności, z jaką wyrażane są te idee. Wydaje mi się, że na temat punktu numer 4 nie ma potrzeby dłużej się rozwodzić. Rozumiem, że Wysoko Rozwinięte Istoty z Innego Wymiaru widzą i mówią, „jak jest", a ponieważ nie ukrywają niczego ani nie ukrywają się przed *niczym, podejmują tylko te działania, które przybliżają ich do wspólnie obranych, jednakowych celów.*

Wy, ludzie, też będziecie tak postępować, kiedy się w pełni przebudzicie jako gatunek. I was również przyjęcie takiej postawy może przybliżać do celu.

Tak się cieszę, że to słyszę. Twoje słowa napełniają mnie nadzieją, ale czy to przebudzenie aby na pewno się dokona?

Może się dokonać, również dzięki tobie. Na tym właśnie polega Trzecie Zaproszenie. Ludzkość posiada już odpowiednie narzędzia, żeby możliwość stała się faktem.

I Wolę przebudzenia.

Możecie błyskawicznie nawiązać łączność z niemal każdym miejscem na Ziemi, a odsetek członków ludzkiej społeczności, którzy już dokonali wyboru i postanowili przystąpić do dzieła, ciągle rośnie.

Jak wcześniej zauważyłeś, od przebudzenia dzieli was Jedna Decyzja.

18

Dobrze, w takim razie przejdźmy do punktów numer 5, 6 i 7.

Odwołują się one do zjawisk kulturowych głęboko zakorzenionych w niemal wszystkich społecznościach na naszej planecie.

Przypomnijmy je więc.

5. Przebudzona istota nie uznaje w społecznym życiu zasady, która odpowiada ludzkim pojęciom „sprawiedliwości" i „kary".
6. Przebudzona istota nie uznaje w społecznym życiu zasady, która odpowiada ludzkiemu pojęciu „niewystarczalności".
7. Przebudzona istota nie uznaje w społecznym życiu zasady, która odpowiada ludzkiemu pojęciu „własności osobistej".

To dość radykalne sądy. Jak jakakolwiek społeczność – nawet jeśli tworzą ją Wysoko Rozwinięte Istoty z Innego Wymiaru – może przetrwać bez kodeksu etycznego, bez reguł postępowania? I w jaki sposób członkowie takiej społeczności unikają doświadczania w swoim życiu, że „wszystkiego jest za mało", zwłaszcza jeśli niczego nie posiadają na własność?

Zajmijmy się najpierw drugim pytaniem.

Wszystkiego, czego twoim zdaniem potrzebujesz, żeby przetrwać, zawsze jest „dosyć", gdy wiesz, że nieprzetrwanie nie wchodzi w grę.

Innymi słowy, gdy przetrwanie nie jest zagrożone, pojęcie wystarczalności czy niewystarczalności przestaje mieć znaczenie. Najważniejszą kwestią staje się nie to, czy ktoś przeżyje, lecz jak będzie żył.

Gwarancja wiecznego istnienia powoduje, że wszyscy dzielą się wszystkim, co istnieje, z każdym, kto istnieje. I wspólnie dążą do oszczędzania zasobów, które na danym obszarze w obrębie fizykalności nie są niewyczerpane.

W rezultacie pojęcie niewystarczalności jest tam nieznane, ponieważ jeśli określone zasoby w środowisku naturalnym są ograniczone, społeczność albo się bez nich obywa, albo znajduje lub wytwarza równie użyteczny i dobroczynny zamiennik.

To miło, że w niektórych zakątkach wszechświata ważne zasoby nigdy się nie wyczerpią, ale my na Ziemi nie mamy takiego szczęścia.

Ależ macie. Na Ziemi również nie powinno wam brakować niczego, co jest wam potrzebne do życia.

Doprawdy? Weźmy, na przykład, taką podstawową rzecz jak woda. Jak wspomniałem wcześniej, duża część ludzkiej społeczności do dzisiejszego dnia pozbawiona jest dostępu do czystej wody.

To nie kwestia braku wody lecz braku woli. Wciąż jeszcze za mało osób przejmuje się tym, żeby ci, którzy nie mają dostępu do czystej wody, mogli z niej korzystać. Problem by zniknął, gdyby zainteresowała się nim większa liczba ludzi.

Oczywiście, masz rację. Światowy Instytut Zasobów na swojej stronie internetowej stwierdza, że „wyposażone w odpowiednią wiedzę, kraje borykające się z największym niedoborem mogą uprowadzić w życie strategie zarządzania i ochrony zapewniające wystarczający poziom zasobów wody".

Niestety, najuboższe państwa mogą nie mieć na to środków. Dlatego te bogatsze powinny im w tym pomóc.

Tak, chodzi po prostu o dzielenie się zdobyczami cywilizacji. Zapewniam cię, w żadnym miejscu na Ziemi nikt nie musi cierpieć z powodu braku czystej wody – czy czegokolwiek innego potrzebnego do godnego życia – wystarczy, żeby ludzie w wystarczającym stopniu troszczyli się o siebie nawzajem.

Lecz, jak wcześniej zauważyłeś, nie wolno zapominać, że mówimy o gatunku, który dopuszcza do tego, żeby w ciągu każdej godziny 650 najmłodszych jego przedstawicieli umierało z głodu.

Tak, niewątpliwie jesteśmy prymitywnym gatunkiem. Dowodzą tego nasze czyny – albo ich brak.

Tak czy owak, ludzie na Ziemi nie powinni cierpieć z powodu *niedożywienia*. Żadne dziecko nie musi umierać z głodu na planecie, na której w ciągu jednego wieczora w każdej restauracji w Paryżu, Los Angeles czy Tokio, zeskrobuje się z talerzy tyle resztek jedzenia, że można by nimi przez tydzień karmić mieszkańców niewielkiej wioski.

Wiem. Departament Rolnictwa USA obliczył, że w samych Stanach Zjednoczonych marnuje się od 30 do 40 procent żywności. Jak wynika z oficjalnych danych rządowych, w 2010 roku w sklepach, restauracjach i domach trafiło do śmieci niemal 70 miliardów ton jedzenia.

Tego rodzaju sytuacja nigdy, przenigdy nie zaistniałaby w społeczeństwie Wysoko Rozwiniętych Istot.

Tak przedstawia się odpowiedź na twoje pytanie, jak istoty z Innego Wymiaru unikają doświadczania, że „wszystkiego jest za mało". Dla tych, którzy dzielą się z innymi, „wszystkiego jest zawsze dość".

Co się zaś tyczy kwestii, dlaczego możliwe jest pokojowe współistnienie WRI „bez kodeksu etycznego, bez reguł postępowania", to widać wyraźnie, że poziom przebudzenia danego gatunku odzwierciedla jego zdolność do samoregulacji.

„Reguły postępowania" Wysoko Rozwiniętych Istot z Innego Wymiaru urzekają swoją prostotą: „Nie myśl o innym tak, jak nie chciałbyś, żeby myślano o tobie, nie mów o innym tak, jak nie chciałbyś, żeby mówiono o tobie, i nie czyń innemu tego, czego sam nie życzyłbyś sobie w stosunku do własnej osoby".

Hmmm... to brzmi znajomo. Podobne słowa zostały wypowiedziane na Ziemi już dawno temu.

Właściwie każda religia na twojej planecie głosi tę Złotą Zasadę w tej czy innej postaci. Różnica między społeczeństwem ludzi a społeczeństwem Wysoko Rozwiniętych Istot polega na tym, że WRI nie ograniczają się do gołosłownych deklaracji, ale tę regułę wzajemności naprawdę stosują w życiu.

Dobrze, ale co się dzieje, gdy któraś z tych Wysoko Rozwiniętych Istot mimo wszystko złamie zasady i „uczyni drugiej", co jej samej „niemiłe"? Co się dzieje, gdy WRI popełni – na pewno usłyszę zaraz, że w słowniku Wysoko Rozwiniętych Istot nie ma takiego wyrazu, ale i tak to powiem – „zbrodnię"?

Nie mylisz się, albowiem w społeczeństwie Wysoko Rozwiniętych Istot z Innego Wymiary nie występuje „zbrodnia i kara".

Żadna z nich nie popełni „zbrodni", ponieważ każda WRI wie, że wszystkie stanowią Jedno, zatem wykroczenie przeciwko drugiej istocie to wykroczenie przeciwko sobie.

Dlatego też nie ma potrzeby wymierzania „sprawiedliwości" w waszym rozumieniu tego pojęcia. „Sprawiedliwość" rozumie się tam zupełnie inaczej. Wy byście to nazwali raczej Słusznym Postępowaniem.

Za to w społeczeństwie ludzi zbrodnia jest niestety czymś powszechnym. A gdy zostaje popełniona, sprawiedliwości nie zawsze staje się zadość. Wielu szuka pocieszenia w przekonaniu, że złoczyńcę dosięgnie w końcu kara boska; po śmierci zostanie osądzony i ukarany na wieki.

Musicie się zdecydować. Czy chcecie Boga bezwarunkowej miłości czy Boga osądzającego, potępiającego, karzącego?

Wiem, wiem. To wszystko takie pogmatwane. Jesteśmy istotami bardzo... skomplikowanymi. Nie chcemy, żebyś nas osądzał, ale z drugiej strony czujemy taką potrzebę. Nie chcemy, żebyś nas karał, ale bez tego czujemy się zagubieni. Kiedy powtarzasz we wszystkich naszych rozmowach: „nigdy was nie ukarzę", nie potrafimy w to uwierzyć, niektórych do-

prowadza to wręcz do szału. Skoro bowiem nie zamierzasz nas osądzać i karać, co powstrzyma nas przed zejściem ze ścieżki prawości? A jeśli w niebie nie ma „sprawiedliwości", to kto wyrówna nasze ziemskie rachunki?

Dlaczego liczycie na to, że w niebie naprawione zostaną wszelkie krzywdy? Czyż z nieba nie pada ożywczy, oczyszczający deszcz?

Pada.

A powiadam ci: deszcz pada z nieba równo na prawych i nieprawych.

Lecz przecież: „zemsta należy do Mnie, powiada Pan".

Ja tego nie powiedziałem. Wymyślił to jeden z was, a reszta to podchwyciła.

„Sprawiedliwość" nie jest wynikiem działania, lecz jego *powodem.* Sprawiedliwość to *czyn*, nie kara *za* czyn.

Przebudzone istoty to rozumieją.

Widzę, że problem ludzkiej społeczności polega na tym, że „sprawiedliwości" domagamy się po tym, jak doszło do „niesprawiedliwości", zamiast przede wszystkim postępować sprawiedliwie we wszystkim, co robimy, we wszystkich dokonywanych przez nas wyborach.

Trafiłeś w dziesiątkę. W sam środek tarczy. Sprawiedliwość to akcja, nie *reakcja*.

Kiedy wszyscy będziemy postępować sprawiedliwie, jak czynią to przebudzone istoty, takie „narzędzia" jak sąd i kara przestaną być potrzebne również w naszym społeczeństwie.

Zgadza się.

Ale czy to kiedykolwiek będzie możliwe? Czy nastanie czas, kiedy wszyscy ludzie będą postępować sprawiedliwie?

Nastanie, gdy wszyscy się przebudzicie.

Ale czy dojdzie do tego, że wszyscy się przebudzimy?

O tym decydujecie właśnie teraz.

Omawialiśmy te zagadnienia w jednej z naszych poprzednich rozmów; padły w niej dokładnie te same słowa. Niektóre z powyższych stwierdzeń to wierne odtworzenie wcześniejszego dialogu. Cieszę się, że je powtórzyliśmy. Łatwiej zapadną w pamięć, jak kwestia z jakiejś mądrej sztuki lub cytat z ulubionego wiersza.

Mnie również sprawiło to przyjemność.

Obecna konwersacja daje mi możliwość syntezy sporej części wcześniejszego materiału, połączenia go w spójną całość.

Takie było założenie. Wszak w Trzecim Zaproszeniu chodzi też o pełną integrację.

19

Pojęcia niewystarczalności, sprawiedliwości i kary uważam za omówione. Przejdźmy do punktu siódmego. Jak to właściwie jest z tą „własnością osobistą"? Nie wolno nam niczego posiadać?

Wszystko wam wolno, po prostu w społeczeństwie Wysoko Rozwiniętych Istot „własność osobista" nie występuje.

Co złego w tym, że mamy coś, co należy tylko do nas? Kurczę, czy wszystko, co robimy, zasługuje na naganę?

Nie ma rzeczy Słusznych i Nagannych. Jest tylko to, Co Się Sprawdza, i Co Się Nie Sprawdza, biorąc pod uwagę...

Wiem, wiem... „biorąc pod uwagę to, co staramy się osiągnąć".

Tak. Powtarzam to jak katarynka, ale to dlatego, że ty też się powtarzasz. Wciąż odwołujesz się do ludzkich pojęć, które dla istot przebudzonych są puste, na przykład takich jak „słuszne" i „naganne".

W takim razie, co takiego jest w posiadaniu, że „nie zdaje ono egzaminu"? Dla większości ludzi własność zdaje się sprawdzać, i to świetnie.

Masz na myśli większość spośród tych, w których posiadaniu jest większość dóbr.

A ci, do których nie *należy większość dóbr,* chcą *posiadać więcej.*

I nic dziwnego, ponieważ wielu ludzi, w których posiadaniu jest większość dóbr, zachowuje je na ogół dla siebie. Gwarantuje im to stworzony przez was ustrój gospodarczy. Zdarzają się, oczywiście, wyjątki, ale to tylko odstępstwa od *reguły.*

Sam to chyba dostrzegasz.

Powiedziałeś przecież na samym początku, że 85 najbogatszych ludzi świata skupia w swoich rękach majątek przewyższający wartość tego, co posiada *łącznie* trzy i pół miliarda najbiedniejszych, czyli połowa mieszkańców Ziemi.

Zgadza się. Oczywiście, dostrzegam to. Ale czasami przyjmuję punkt widzenia przeciętnego Kowalskiego. Bez względu na różnice stanu posiadania, większość ludzi nie jest skłonna wyrzec się idei mienia, posiadania rzeczy na własność. Jak to się udaje istotom przebudzonym?

Rozumieją, że skoro wszyscy stanowią Jedność, *wszystko,* co istnieje, należy do *każdego,* kto istnieje.

Jakby to działało w praktyce? Przecież to niemożliwe w naszym świecie, żeby każdy mógł uprawiać ziemię, siać, zbierać plony i zarabiać na dowolnej farmie na Ziemi. Nie można ot tak sobie wejść do mieszkania drugiej osoby i dosłownie czuć się tam jak u siebie. Gdyby wszystkim naraz przyszło do głowy zamieszkać w jakimś pięknym domu, po prostu by się w nim nie pomieścili. Poza tym, gdzie w takich warunkach poszanowanie prywatności? Czy naprawdę wszystkim trzeba się dzielić? Mężami i żonami też?

Jak coś takiego może się sprawdzać?

W społeczeństwie przebudzonych istot pojęcie „własności osobistej" zostało zastąpione przez ideę odpowiedzialności za powierzone dobra, czyli przez „kustoszostwo".

Istoty te za zgodą wszystkich zainteresowanych ustalają, kto nad czym obejmuje pieczę, kto z kim tworzy związek, kto zajmie się wychowaniem potomstwa, kto jaką będzie sprawował funkcję w fizycznym świecie.

Nikt nie „odbiera" drugiemu partnera czy powierzonej mu rzeczy.

Ci, którzy płodzą potomstwo, nie uważają dzieci za swą „własność", a ci, którzy tworzą partnerski związek, nie uważają, że partner do nich należy. Ci, którzy zgadzają się być kustoszami dóbr albo rządcami pola, nie uważają się za właścicieli tych dóbr czy pola, które uprawiają.

Po prostu troszczą się i dbają o swych partnerów i o powierzone im dobra.

Żadnej z tych istot, na przykład, nie przejdzie przez myśl, że ponieważ sprawuje pieczę nad kawałkiem powierzchni planety, na której się ucieleśniła, jest „właścicielem" bogactw naturalnych, wody i wszelkich innych zasób, które znajdują się pod powierzchnią, aż do samego jądra planety.

Żadnej nie przejdzie też przez myśl, że jest „właścicielem" powietrza czy przestrzeni rozciągającej się *nad* działką aż do nieba.

Nie ma więc sporów o to, jak daleko w górę czy jak daleko w dół sięga działka, i kto posiada „prawa" do tego, co znajduje się nad nią czy pod nią.

Takie dyskusje wydałyby się bezcelowe i niestosowne dla istot, które rozumieją, że żadna jednostka czy grupa nie może mieć „na własność" kawałka powierzchni planety – a tym bardziej tego, co jest powyżej i poniżej określonej parceli.

U nas bez przerwy toczą się spory pomiędzy rządem a różnymi podmiotami o „prawa do powietrza", o „prawa do wody" i „prawa do bogactw naturalnych".

Tak, wiem. A zatem w którym miejscu zaczyna i kończy się „posiadanie"?

Ale gdyby ludzie niczego nie posiadali, to z czego czerpaliby zysk? A gdyby nie czerpali zysku, jak zarabialiby na utrzymanie?

Wysoko Rozwinięta Istota inaczej pojmuje to, co wy określacie jako „zysk". Nie uważa, że coś „zyskuje", gdy dzieje się to kosztem drugiego. Nie akceptuje tego, że gdy ona wygrywa, kto inny przegrywa. A zwłaszcza nie poczytuje sobie za zaszczyt, gdy jej zwycięstwo *oznacza* porażkę drugiego. W ich społeczności nikt nie zyskuje, jeśli nie zyskuje każdy.

Większości z nas raczej trudno byłoby przyjąć taki pogląd. Co bezpośrednio wiąże się z kwestią, o której mowa w punkcie ósmym na naszej liście.

8. Przebudzona istota dzieli się wszystkim ze wszystkimi cały czas. Ludzie w obecnym stanie uśpienia dzielą się z innymi tylko w pewnych okolicznościach.

Wielu ludziom takie rozwiązanie wydaje się po prostu nierealne, niewykonalne.

Bzdura. Wychodzi wam to bardzo dobrze. Już teraz wykazujecie taką postawę, tyle że na ograniczoną skalę. Na przykład wobec swoich bliskich.

Nigdy nie przyszłoby ci do głowy, żeby iść ulicą w czasie ulewy, trzymając parasol tylko nad swoją głową i oświadczyć partnerowi czy dziecku: „Szkoda, że zabrakło dla ciebie parasola, ale trudno, takie jest życie".

Nigdy byś nie pomyślał, że sam mógłbyś zjeść cały jabłecznik, oznajmiając żonie i dzieciom: „Szkoda, że nie wystarczy dla wszystkich, ale nie zamierzam odmawiać sobie przyjemności".

Użyłem zabawnych przykładów, lecz z pewnością nie jest ci obca zasada wyrzeczenia się przyjemności czy korzyści w sytuacji, gdy byłbyś jedyną osobą czerpiącą przyjemność czy korzyść, a twoi bliscy ucierpieliby na tym, że się z nimi nie podzieliłeś.

Jedyna różnica między ludźmi a Wysoko Rozwiniętymi Istotami sprowadza się do tego, że dla WRI jej bliskimi są *wszyscy.*

Rozumując w ten oczywisty sposób można by rozwiązać wiele palących problemów na Ziemi.

Więc my też uznajmy, że wszyscy jesteśmy sobie bliscy. Co takiego nie pozwala nam jako społeczności dostrzec „oczywistości" tego rozwiązania i go zastosować? Dzielić się wszystkim ze wszystkimi?

Nie pozwala wam na to przekonanie, że dla wszystkich *nie wystarczy,* i że musicie *walczyć o swoje.* To właśnie ta idea braku wyklucza hojność, powstrzymuje was przed dzieleniem się z innymi.

Ale przecież wszystkiego jest dość i starczy dla każdego! Żywności, wody, energii, i całej reszty tego, czego potrzebujemy do życia. To podział dóbr stanowi problem, a nie ich niewystarczająca ilość.

Masz rację. Możecie swobodnie i szczodrze obdarowywać innych, nie szczędzić talentu, umiejętności, wiedzy i dóbr, jakie otrzymaliście od życia, a życie zapewni wam wszystko, co konieczne do życia.

Zdziwisz się, uświadamiając sobie – i *pod wpływem* tego odkrycia zrewidujesz swój system wartości – że w gruncie rzeczy do zachowania integralności swej obecnej postaci jako Ciało, potrzebujesz dużo mniej, niż ci się wydawało, zaś do przetrwania jako Dusza nie potrzebujesz niczego, ponieważ zawsze będziesz żył. Nie możesz *nie żyć*. To tylko kwestia tego, jaki kształt przyjmie twoje istnienie.

Oczywiście, na to pytanie odpowiadasz każdym wyborem, każdą decyzją, każdym działaniem, jakie podejmujesz w życiu. Jaki kształt przyjmie moja egzystencja?

Dobrze by było, gdyby nieco więcej ludzi postanowiło objawić nową postać, na jaką ludzkość może się zdobyć tu i teraz, płynącą z wiary w Dostatek i Darczynienie. Im więcej przebudzonych, tym szybszy proces przebudzenia pozostałych. Jednak tacy przewodnicy mogą stać się wzorem dla innych wyłącznie z własnego wyboru, nikt ich do tego nie wyznaczy ani nie namaści.

Stąd Trzecie Zaproszenie.

Wróćmy jednak do mojego wcześniejszego pytania. Jak zarobilibyśmy na życie, gdyby wszyscy dzielili się wszystkim z wszystkimi, a wszelki „zysk" musiałby zakładać korzyść dla każdego?

Doświadczenie życia nie jest czymś, na co trzeba zarobić. Życie to dar, dany każdemu z was. Nie musicie się bez przerwy starać, żeby sobie na nie *zasłużyć*.

Łatwo można by opracować system, który umożliwiłby zaspokojenie potrzeb każdej jednostce i każdej grupie w społeczeństwie. Żeby przeżyć, ludzie nie musieliby zaprzedawać duszy i wyrzekać się marzeń.

Jestem za. Musi istnieć jakiś sposób, żeby stworzyć taki ustrój społeczny, w którym każdy wnosi mniej więcej tyle samo i każdy w mniej więcej równym stopniu korzysta. Nikt nie jest skazany na klepanie biedy, nikt nie musi też tracić nadziei na to, że będzie mógł robić w życiu to, co naprawdę lubi. Lecz dopóki nie zmieni się całe społeczeństwo, wprowadzenie takiego ustroju będzie bardzo trudne.

Całe wasze społeczeństwo zmieni się, gdy większość zobaczy, jak łatwo ta zmiana przychodzi tym, którzy z własnego wyboru zostają przewodnikami i wskazują drogę innym. Jak wspomniałem wcześniej, w przystąpieniu do dzieła przebudzenia ludzkości nie chodzi o to, żeby stać się przywódcą, lecz raczej o to, żeby pokazać, że głębokie wewnętrzne przekonanie *przywiodło was* do nowego pojmowania człowieczeństwa.

„Przywódca" to nie to samo co „przewodnik". Pierwszy mówi: „Idźcie za mną", a drugi: „Ja idę pierwszy".

Nie da się z dnia na dzień zmienić sposobu funkcjonowania całego społeczeństwa, ale ty, jako jednostka, możesz objawić fundamentalne cechy przebudzonej istoty i *z miejsca* stać się *wzorem* – wystarczy, że „pójdziesz pierwszy".

20

Wiele mi to wyjaśniło, i wiesz co? Patrząc na pozostałe punkty na naszej liście wydaje mi się, że całkiem dobrze rozumiem większość poruszanych w nich problemów.

To w takim razie omów pokrótce pozostałe punkty. Przytoczę je raz jeszcze:

9. Przebudzona istota dąży do zachowania równowagi między technologią i kosmologią, między przemysłem i przyrodą. Ludzie w obecnym stanie uśpienia często zakłócają tę równowagę.
10. Przebudzona istota w żadnych okolicznościach nie przerwałyby obecnego cielesnego istnienia drugiej myślącej istoty, chyba że na jej wyraźne życzenie. Ludzie w obecnym stanie uśpienia często zabijają innych ludzi, choć tamci wcale ich o to nie proszą.
11. Przebudzona istota nigdy nie zrobiłaby czegoś, co mogłoby zagrozić lub zaszkodzić środowisku, które jest niezbędne dla przetrwania przedstawicieli jej gatunku, gdy przyjmują fizyczną postać. Ludzie w obecnym stanie uśpienia robią takie rzeczy często.
12. Przebudzona istota nigdy nie przyjmuje czegoś, co jest dla niej trujące. Ludzie w obecnym stanie uśpienia często to robią.

13. Przebudzona istota nigdy nie rywalizuje z innymi. Ludzie w obecnym stanie uśpienia często ze sobą konkurują.
14. Przebudzona istota ma jasną świadomość, że niczego nie potrzebuje. Ludzie w obecnym stanie uśpienia często tworzą dla siebie doświadczenie oparte na potrzebach.
15. Przebudzona istota doświadcza bezwarunkowej miłości i kocha bezwarunkowo innych. Ludzie w obecnym stanie uśpienia nie potrafią sobie wyobrazić Boga, który kocha bezwarunkowo, a tym bardziej siebie samych kochających bezwarunkowo.
16. Przebudzona istota nauczyła się wykorzystywać moc metafizyczną. Ludzie w obecnym stanie uśpienia z reguły są na nią ślepi.

Jest dla mnie jasne, że jeśli mamy przyjąć sposób postępowania istot przebudzonych, musimy dostosować naszą kosmologię (filozofię, wierzenia, światopogląd, postrzeganie samych siebie) do gwałtownie rozwijającej się techniki (zaawansowanej broni, genetycznej modyfikacji roślin uprawnych, klonowania ssaków [niedługo może również ludzi], przedłużającej życie medycyny i całej reszty). Jeśli tego nie zrobimy, będziemy musieli zmierzyć się z etycznymi, moralnymi i duchowymi dylematami, wobec których nasze dotychczasowe koncepcje i systemy wartości okażą się bezradne.

Jest dla mnie jasne, że gdy się przebudzimy, przestaniemy wyniszczać środowisko... przestaniemy zatruwać się tym, co jemy, pijemy, wdychamy, wstrzykujemy sobie; tym, co oglądamy i czego słuchamy... przestaniemy toczyć nieustanną i często bezwzględną rywalizację o wszystko: pieniądze, władzę, sławę, uwagę, seks, cokolwiek.

Jest dla mnie jasne, że gdy będziemy żyć jako przebudzony gatunek, przestaniemy postrzegać potrzeby jako potrzeby i zaczniemy traktować je jako preferencje. Będziemy wreszcie prawdziwie darzyć wszystkich bezwarunkową miłością i tak samo, na swoje podobieństwo, wyobrażać sobie Boga.

Rzeczywiście rozumiesz. W takim razie nie musimy zagłębiać się w te zagadnienia.

Ale dwie kwestie wciąż nie dają mi spokoju. Moglibyśmy bliżej się przyjrzeć dwóm punktom, siódmemu i szesnastemu?

Punkt numer 7 brzmi: Przebudzona istota w żadnych okolicznościach nie przerwałyby obecnego cielesnego istnienia drugiej myślącej istoty, chyba że na jej wyraźne życzenie. U nas, na Ziemi, co minutę ktoś ginie z ręki drugiego człowieka.

Nie da się temu zaprzeczyć, ale wydaje się, że większość zabójstw ludzie popełniają w samoobronie.

W prymitywnych społecznościach każdy atak zwykło się nazywać obroną. WRI nigdy, nawet w samoobronie, nie przerwałaby fizycznej egzystencji innej myślącej istoty, jeśli nie zostałaby o to przez nią poproszona.

Więc nie mamy prawa się bronić? A to ci dopiero! Masz wobec nas wygórowane oczekiwania. Na naszej planecie coś takiego nie przejdzie. Nawet ziemskie religie i kodeksy prawne mówią, że zabicie kogoś w samoobronie jest uzasadnione. Chcesz powiedzieć, że nie mamy prawa chronić własnego życia, jeśli ceną jest odebranie życia innej osobie?

„Macie prawo" robić, co wam się żywnie podoba. Warto jednak przy tym pamiętać, że każdy czyn to akt samookreślenia. Jeśli pragniecie określić siebie jako gatunek, który zabija swoich przedstawicieli po to, żeby inni jego przedstawiciele mogli przeżyć, droga wolna, nikt was nie powstrzyma.

Lecz może nadejść dzień, kiedy sami z własnego wyboru się powstrzymacie, bo zobaczycie, że w szale chronienia swego gatunku niemal doprowadziliście do jego wytępienia.

Ale czy to oznacza, że po przebudzeniu będziemy się godzić na to, by inni nas krzywdzili, i zrezygnujemy z obrony?

Kiedy ludzkość się przebudzi, po prostu nie dojdzie do sytuacji, w których jedni będą *musieli* się bronić przed drugimi.

Jako przebudzone jednostki, złożycie broń – natychmiast, i to wszyscy, bez wyjątku – i wyrzekniecie się wszelkich rozwiązań prowadzących do zguby, porzucicie na zawsze wszystkie środki zagłady. Przestaniecie o wszystko walczyć; wymyślicie sposób, jak podzielić się tym, co jest do podziału, również wszystkimi bogactwami naturalnymi Ziemi i wszystkimi waszymi cudownymi osiągnięciami nauki, techniki i medycyny.

Dla przebudzonego gatunku takie posunięcie będzie przeraźliwie oczywiste i niezaprzeczalnie słusznie.

Nie będzie powodu do obrony, ponieważ nikt już nie będzie miał powodu do ataku – fizycznego, słownego, finansowego ani jakiegokolwiek innego.

A jeśli napadłby na mnie jakiś odszczepieniec, wyrzutek, który jeszcze się nie obudził? Niebezpieczny świr, jaki trafia się raz na tysiąc czy raz na milion?

Po prostu porzuciłbyś swoje ciało i spokojnie opuścił Dziedzinę Fizykalności, ponieważ wiedziałbyś, że z chwilą „śmierci" nic się nie kończy – co najwyżej dalsze doświadczanie przemocy.

Dokładnie tak samo zrobił Obi-Wan Kenobi podczas pojedynku z Darthem Vaderem w filmie Gwiezdne wojny.

Tak, właśnie coś takiego miałem na myśli. Dzieła fantastyki naukowej wiele razy unaoczniały ludzkości szczytne idee. Ta postać z *Gwiezdnych wojen* postąpiła tak, ponieważ wiedziała, że nie może umrzeć, a „złoczyńca" w żaden sposób nie może przerwać jej istnienia.

A gdybyśmy zostali nagle zaatakowani przez przybyszów z innej planety? Sam powiedziałeś wcześniej, że w fizykalnym wszechświecie występują wysoko zaawansowane społeczności myślących istot zdolnych do przemocy. Nie musimy się obawiać, że zawitają pewnego dnia do naszego układu słonecznego i nas zniszczą?

Nie. Najeźdźcy z kosmosu nie zdołają zniszczyć waszej cywilizacji. Zapobiegną temu Wysoko Rozwinięte Istoty z Innego Wymiaru.

Dlaczego? Dlaczego miałyby się wtrącać i nas chronić?

Ponieważ służy to ich celowi, jakim jest wyrażanie i doświadczanie w ten właśnie sposób swej Prawdziwej Tożsamości. WRI postrzegają rzeczywistość i swoją rolę inaczej niż istoty, które doświadczają siebie głównie jako byty istniejące w obrębie fizykalności.

Ale dopuszczają do tego, żeby jakaś cywilizacja na własnej planecie niszczyła samą siebie. Pozwalają nam popełnić zbiorowe samobójstwo.

Tak, jeśli taki jest świadomy wybór tej cywilizacji, wyraz jej Zbiorowej Woli. W tym przypadku nie ma mowy o działaniu na przekór Zbiorowej Woli innej cywilizacji na innej planecie.

Również wy, mieszkańcy Ziemi, dokonujecie takiego rozróżnienia. Co innego zakończyć swoje życie z własnego nieprzymuszonego wyboru, a co innego zakończyć życie drugiego człowieka wbrew jego wyraźnej woli.

Rzutując to rozumowanie na skalę międzygalaktyczną, WRI ze zrozumieniem odniosłyby się do pierwszej sytuacji i nie ingerowały w nią, natomiast tę drugą zdecydowanie by powstrzymały.

Powiedziałeś mi kiedyś, że zarówno pora jak i sposób naszego odejścia z tego świata, to kwestia wyboru.

Zgadza się.

Stwierdziłem to podczas naszej ostatniej rozmowy, która przerodziła się w książkę pod tytułem *Home with God in a Life That Never Ends.*

Zdaję sobie sprawę, że wśród wszystkich objawień, które ci przekazałem, to stanowi dla was najtrudniejsze wyzwanie. Niemniej w niczym nie ujmuje to jego prawdziwości.

Nie sposób rozwikłać tajemnic życia przy pomocy tak niedoskonałego narzędzia, jakim jest ludzki umysł, w oparciu o niepełne dane zgromadzone przez dopiero co powstały gatunek.

Mogę cię jedynie zapewnić, że na poziomie Duszy wypadki, jakie masz na myśli, nie kłócą się z przyjętym przez Duszę programem Jej duchowego rozwoju.

Ale na Ziemi tylu ludzi ginie wbrew swojej woli, umiera gwałtowną śmiercią, a z tego, co mówisz, wynika, że dzieje się tak również na innych planetach zamieszkałych przez stosujące przemoc istoty.

Nic nie może się stać na przekór Nadświadomej Woli jednostki. Toteż kiedy postanowisz – jak wy to mówicie – „umrzeć", a decyzja ta zapada na poziomie Nadświadomości (czyli na poziomie Duszy), a nie na poziomie Świadomości (czyli na poziomie Umysłu), przenosisz się z wymiaru fizykalnego do niefizykalnego z własnej woli. Jeśli sam tego nie postanowisz, nie przeniesiesz się.

21

Myślę, że ta kwestia z racji swojej wagi wymaga dokładniejszego rozważenia, przydałoby się rzucić na nią więcej światła. Chciałbym do niej jeszcze wrócić, ale najpierw proponuję przejść do punktu szesnastego, ponieważ wydaje mi się, że w tej ostatniej pozycji na naszej liście kryje się coś ważnego, co może mieć związek z tym zagadnieniem. Punkt nr 16 mówi, że przebudzona istota nauczyła się wykorzystywać moc metafizyczną. Ludzie w obecnym stanie uśpienia z reguły są na nią ślepi.
O co tu dokładnie chodzi?

Chodzi o to, że ludzkość nie czerpie z głębokich pokładów uniwersalnej mądrości i obfitych zasobów twórczej metafizycznej mocy.

Poproszę cię, żebyś podał przykład. Bez tego się nie obejdzie.

Chętnie. Sam nie tak dawno wspomniałeś, że na początku XX wieku pewien Francuz, Émile Coué, dowiódł skuteczności autosugestii.

Cóż, na pewno przekonał o tym samego siebie.

Nie wierzysz w wyniki jego eksperymentu?

Ja, owszem, wierzę. Ale mogą znaleźć się niedowiarki.

Zatem pytam się ciebie, czy stosujesz autosugestię, skoro jak sam twierdzisz, wierzysz w jej skuteczność? Czy wykorzystujesz ją na przykład w przypadku fizycznych dolegliwości?

No... raczej rzadko.
A właściwie... co mi tam, powiem prawdę.

Byłoby to wskazane.

Prawda jest taka, że nigdy nie użyłem autosugestii. Wierzę, że siła umysłu może oddziaływać na stan energetyczny komórek w ciele – omawialiśmy ten mechanizm – ale nigdy nie zdarzyło mi się zastosować metody Couégo, żeby uśmierzyć ból albo wyleczyć się z choroby.

Sprawa zamknięta.

Przypuszczam, że ludzkość nie dojrzała jeszcze do tego, żeby jako zbiorowość zmierzyć się z metafizyką, czyli – jak mawiają niektórzy – zająć się alchemią i systematycznie wykorzystywać moc – jak ją się powszechnie określa – pozytywnego myślenia.

Są jednostki, a nawet całe duchowe kręgi, choć na tle całej ludzkości raczej nieliczne, które nauczyły się z tej mocy czerpać. Ale wiem, co masz na myśli. Jako społeczność jesteśmy dalecy od ujarzmienia energii metafizyki.

Niestety, rzeczywiście, jeśli o to chodzi, jesteście daleko w polu. Lecz powoli zaczynacie sobie uświadamiać drzemiącą w was moc i stawiacie pierwsze kroki na drodze do jej uruchomienia.

Kilka lat temu ukazała się książka pod tytułem Sekret. *Zaraz potem na jej podstawie powstał film opowiadający o tym, że mamy w sobie moc tworzenia swojej rzeczywistości. Dzięki tej mocy pewien mężczyzna znalazł przed domem samochód swoich marzeń, kobieta nagle zorientowała się, że ma na szyi wyśniony naszyjnik z brylantów, a dziewięcioletni chłopiec, ku swojej wielkiej radości, natknął się na stojący pod jego drzwiami nowiutki, błyszczący rower.*

Teraz widzę wyraźnie, że to dopiero pierwsze nieporadne próby podjęcia tematu. Poza tym zdziwiło mnie, że skoro owemu „sekretowi" przypisano tak ogromną moc sprawczą, to dlaczego nie zaproponowano, żeby go wykorzystać na przykład do zaprowadzenia pokoju na świecie?

Żaden z bohaterów filmu nawet nie zająknął się o możliwości wykorzystania go do wyższych celów. Dużo mówi to o ludzkiej skali wartości; pokazuje dobitnie, jakie miejsce zajmuje na niej światowy pokój względem nowych samochodów, naszyjników z brylantami czy nowiutkich błyszczących rowerów. Tak to przynajmniej widzą autorzy filmu.

Prawda jest taka, że pokój na świecie możecie stworzyć za pomocą metafizyki na najbardziej podstawowym poziomie.

Wiem. Mój serdeczny przyjaciel John Hagelin zjeździł cały świat głosząc tę nowinę. Ten słynny fizyk kwantowy, autorytet w dziedzinie relacji między nauką i społeczeństwem, nauczyciel i pisarz, dr Hagelin na swojej stronie internetowej pisze:

„Ludzie na ogół nie zdają sobie sprawy z głębokiej więzi łączącej ich świadomość z losem całej planety; nie wiedzą,

że mogą zastosować potężną, zbadaną naukowo metodę wykorzystania świadomości do stworzenia pokoju na świecie praktycznie z dnia na dzień.

Ponad pięćdziesiąt projektów pokazowych i dwadzieścia trzy prace badawcze opublikowane w czołowych recenzowanych czasopismach dowiodły, że nowe rozwiązania oparte na świadomości mogą łagodzić napięcia społeczne na tle etnicznym, politycznym i religijnym, będące zarzewiem przestępczości, przemocy, terroryzmu i wojny.

Rozwiązanie to sprawdzono w skali lokalnej, regionalnej, państwowej i międzynarodowej. Za każdym razem przyniosło pożądane wyniki w postaci radykalnego osłabienia negatywnych trendów społecznych i wzmocnienia pozytywnych.

Rzesze adeptów oddanych sprawie światowego pokoju, skupionych w licznych zespołach i wspólnie stosujących te techniki świadomości, wnikają w głąb siebie i docierają do najbardziej fundamentalnego poziomu umysłu i materii, który fizyka określa mianem jednolitego pola.

Z tego poziomu rzeczywistości wzbudzają potężną falę harmonii i spójności, która może trwale i korzystnie zmienić społeczeństwo, co potwierdzają badania. To rozwiązanie holistyczne, łatwe w zastosowaniu, nieinwazyjne i bardzo opłacalne".

(Więcej informacji na stronie www.PermanentPeace.org)

Pytanie więc, czego trzeba, żebyśmy skorzystali z dobrodziejstw tego duchowego rozwiązania?

A jak sądzisz?

Niczego więcej niż przebudzenia. Nawet raczkująca świadomość potęgi umysłu może zainicjować zmiany na szeroką skalę. Ogromne wrażenie wywarł na mnie jeden z programów instruktażowych nakręconych przez Johna Hagelina, który kończy się następującymi słowami:

„Jest dużo więcej dowodów na to, że zbiorowa medytacja może wygasić ognisko konfliktu tak szybko i skutecznie, jak wciśnięcie wyłącznika gasi światło, niż dowodów na skuteczność aspiryny w uśmierzaniu bólu głowy".

Otóż to. Podziel się tą wiedzą ze wszystkimi znajomymi. I powiedz im, żeby podzielili się nią ze wszystkimi swoimi znajomymi. Metafizyka działa. To na niej wspiera się wszechświat. Dla Wysoko Rozwiniętych Istot to żaden „sekret".

22

Dziękuję ci. Na tym przegląd zagadnień z naszej listy dobiega końca. Wiele się dzięki niemu nauczyłem. Pora teraz powrócić do punktu dziesiątego i związanych z nim rozważań na temat śmierci, które moim zdaniem należy rozwinąć.

A więc punkt numer 10 raz jeszcze: Przebudzona istota w żadnych okolicznościach nie przerwałyby obecnego cielesnego istnienia drugiej myślącej istoty, chyba że na jej wyraźne życzenie. Ludzie w obecnym stanie uśpienia często zabijają innych ludzi, choć tamci wcale ich o to nie proszą.

Temat śmierci budzi wiele kontrowersji i powinniśmy go rozpatrzyć z całym należnym mu szacunkiem. Zrozumiałem już, w jaki sposób zaprzęgnięcie mocy metafizyki do walki z chorobami i przeciwnościami losu może rzutować również na kwestię umierania. Ale chcę się upewnić, czy na pewno dobrze cię rozumiem. Jeśli zostanę zamordowany, zginę w wypadku samochodowym spowodowanym przez nieostrożnego kierowcę albo z jakiejkolwiek innej przyczyny, to znaczy, że tak się stało, bo postanowiłem umrzeć?

Dlaczego Dusza mogłaby życzyć sobie własnej śmierci?

Odpowiedzi na to pytanie jest tyle, ile Dusz we wszechświecie. Lecz zapewniam cię, że śmierć zawsze, za każdym razem, służy celowi Duszy, w przeciwnym razie by do niej nie doszło.

A co z tymi, którzy pozostali wśród żywych i opłakują stratę bliskiej osoby? Czy oni też są brani pod uwagę?

Z pewnością. Dusza bierze pod uwagę wszystko. I stara się, jak może, żeby złagodzić ich ból spowodowany odejściem partnera lub partnerki. Daje im do zrozumienia i pozwala *doświadczyć*, że utracone osoby nie umarły, lecz po prostu w ten sposób uczciły swoje Święto Przejścia.

Jak to „doświadczyć"? Możemy doświadczyć ich obecności, przekonać się, że nadal żyją?

Wiele osób, których bliscy uczcili swoje Święto Przejścia, wie, co mam na myśli. Przemawia za tym mnóstwo świadectw w postaci anegdot, mówiących o tym, że ci, którzy „przeszli dalej", znajdują sposób na to, żeby zawiadomić swych ukochanych, że „nadal żyją".

Rany, ten dialog robi się coraz bardziej „odjechany".

Wręcz odwrotnie, ten dialog dotyka rzeczy, o których masz już pewną głęboko skrywaną wiedzę, ale dotąd nie potrafiłeś ich w pełni zaakceptować, zważywszy na obecny mit kulturowy warunkujący zachowania twojego bardzo młodego gatunku.

Biorąc to wszystko pod uwagę, można by zaryzykować stwierdzenie, że nie ma znaczenia, czy zaatakują nas kosmici czy nie. Jeśli nie postanowimy „umrzeć", to tak się nie stanie.

Zgadza się. Wymyślicie i stworzycie takie okoliczności, że okaże się to niemożliwe. Za sprawą interwencji z zewnątrz na przykład.

Aha, rozumiem. Za sprawą interwencji WRI.

Na przykład. Ale sygnatura energetyczna wyboru dokonanego przez Duszę lub to, co wy nazwalibyście Wolą Nadświadomości, działa również w przypadkach indywidualnych.

Jeśli jako jednostka nie postanowisz na poziomie Nadświadomości, że opuścisz swą fizyczną powłokę, to jej nie opuścisz, nawet w najbardziej zdradliwych czy najniebezpieczniejszych okolicznościach. Możesz „otrzeć się o śmierć", „cudownie ozdrowieć" czy „ledwo ujść z życiem", lecz nie umrzesz.

Zbiorowa Wola Nadświadomości – czyli objawiona wola każdej jednostki wchodzącej w skład tej Zbiorowości – to jedyny i wyłączny czynnik wpływający na ucieleśnienie się lub odcieleśnienie Zbiorowości, a indywidualna Wola Nadświadomości to jedyny i wyłączny czynnik wpływający na ucieleśnienie się lub odcieleśnienie poszczególnych jednostek. Tak działa energia życia.

Obecnie objawiająca się Zbiorowa Wola Nadświadomości nie przewiduje zagłady tejże Zbiorowości ani zniszczenia wytworzonej przez nią cywilizacji.

Trudno mi się z tym zgodzić. Przecież na tej planecie uśmiercano całe rzesze ludzi, i to nie jeden raz. Chcesz powiedzieć, że to w porządku*? Że doszło do tego, ponieważ wszyscy ci ludzie chcieli umrzeć?*

Nie twierdzę, że to, jak zginęli i kiedy zginęli, jest „w porządku". Doświadczenie jakiegokolwiek zdarzenia jako „w porządku" czy „nie w porządku" to kwestia wyboru, jakiego dokonuje osoba, na którą zdarzenie to wpływa w taki czy inny sposób. Nie powiem nikomu, że jego wybór jest „właściwy" czy „niewłaściwy". To jego wybór i nie jest moją rzeczą go osądzać.

Ty niczego nie osądzasz, prawda?

Owszem. Wiem, że z ludzkiego punktu widzenia wiele zdarzeń losowych wydaje się „nie w porządku", i jest to całkiem zrozumiałe. Określenie ich w inny sposób można by wręcz uznać za chorobliwe i okrutne w ramach ogólnie przyjętego i prawidłowego ludzkiego zachowania. Dzięki takim zabiegom ustanawiacie podstawowe wartości waszej cywilizacji i kierujecie się nimi w życiu.

Lecz ja nie wartościuję i nie dokonuję takich ocen, ponieważ oznaczałoby to odebranie wam wolności tworzenia własnej rzeczywistości.

Chodzi mi o to, że jednostkowe doświadczenie tego, co wasz gatunek nazywa śmiercią, nie może nastąpić wbrew indywidualnej Nadświadomej Woli tej jednostki. Na tej samej zasadzie doświadczenie tego, co w waszym języku określacie mianem całkowitej zagłady cywilizacji, nie może nastąpić wbrew Zbiorowej Nadświadomej Woli tej cywilizacji.

Podkreślałeś to wiele razy. Nie chcę szukać dziury w całym, ale czy takie stwierdzenie nie daje wolnej ręki szaleńcom, którzy żeby zaspokoić swoje wynaturzone żądze, mogą posunąć się do zbrodni, nawet, nie daj Boże, na masową skalę?

Bynajmniej. Przynosi za to pociechę ludziom, którzy cierpią po stracie kogoś, kto w ich odczuciu padł ofiarą przemocy. Ludziom, których opuścili bliscy, pozwala odnaleźć spokój wewnętrzny; daje im kojącą świadomość, iż ich ukochani z własnego wyboru obchodzą Święto Przejścia, a nawet pozwala zrozumieć i współczuć sprawcom ich nagłego odejścia.

Z drugiej strony może wręcz powstrzymywać szaleńców, którzy z pełną premedytacją planują rozlew krwi. Taki przekaz mógłby osłabiać przyjemność czerpaną przez nich z zamierzonego krzywdzenia innych, a tym samym pozbawiać ich motywacji do podejmowania swych zabójczych działań.

Nigdy bym na to nie wpadł.

Poza tym ludzie, którzy bez względu na wszystko, gotowi są zabić – pojedynczą osobę albo całą społeczność – nie potrzebują pozwolenia z zewnątrz i nie szukają go u innych. Dla swojego działania zawsze znajdują mnóstwo różnych usprawiedliwień, które jednak nie mają nic wspólnego z wypowiadanymi tu sądami.

Zgoda, ale dzięki temu, co mówisz, mogą poczuć się rozgrzeszeni, zagłuszyć wyrzuty sumienia.

Oni nie mają wyrzutów sumienia, w przeciwnym razie nie stosowaliby przemocy.

Obawiam się, że ten wątek naszych rozważań może się spotkać z niezrozumieniem ze strony ogółu. To znaczy, przedstawiony tu pogląd większości ludzi raczej nie przypadnie do gustu.

Masz rację, zakładając, że ludzie ci doświadczają rzeczywistości, w której istnieje podział na ofiary i oprawców. Ale na świecie nie ma ofiar ani oprawców. We wszechświecie również. Są tylko myślące byty ewoluujące na płaszczyźnie fizycznej i metafizycznej i pomagające sobie nawzajem w ewolucji.

Już kiedyś ci to mówiłem: posyłam do was same anioły.

Gdybyś uznał, że możesz znacząco przyspieszyć proces ewolucji całego gatunku – *miliardów* istot – pozwalając, żeby twoja Jaźń opuściła fizyczną powłokę w określonym czasie i w określony sposób, uczyniłbyś to?

Nie zastanawiaj się nad odpowiedzią na poziomie Umysłu. Rozważ to w Duszy.

Rozważając to w Duszy, widzę, że nic nie zagraża mojemu istnieniu, że moje życie się nie kończy. Wiedząc, że to prosta zmiana formy istnienia z fizyczną na metafizyczną – wiedząc, że mogę odwrócić ten proces, kiedy tylko zapragnę, wiedząc, że dzięki temu miliardy dokonają postępu w swym rozwoju – z łatwością podejmuję decyzję.

Postrzegałbym tę sytuację jako „Chwilę, w Której Płonie Budynek", kiedy wbiega się w płomienie, żeby ratować dziecko, nie zastanawiając się, czy samemu się przeżyje; w takiej chwili nie bierze się pod uwagę własnego przetrwania. Dokonałbym takiego wyboru, który przyniósłby najwięcej korzyści jak największej liczbie moim bliźnich, innym myślącym bytom.

Oczywiście, ponieważ taka jest Twoja Prawdziwa Istota.

Przypominam ci po raz kolejny: wszyscy jesteście Miłością.

I dlatego przebaczyłbyś sprawcom swojej śmierci, gdyż zdawałbyś sobie sprawę, że w rzeczywistości nie byli świadomi tego, co czynią.

A później, po przejściu do Dziedziny Czystego Bytu (choć równie dobrze można dojść do tego wcześniej), w stanie pełnej świadomości wyzbyłbyś się również potrzeby wybaczenia, ponieważ zastąpiłoby ją zrozumienie. Pojąłbyś dogłębnie, jak myśląca istota może dopuścić się konkretnego czynu.

Powiedziałeś mi kiedyś, że w umyśle mistrza miejsce wybaczenia zajmuje zrozumienie.

I tak jest.

Doświadczyłbyś tego wszystkiego, *ponieważ* twoim budulcem jest energia, którą wy nazywacie Miłością, uosobiona i spotęgowana dzięki wyborom, jakich dokonujesz, poglądom, jakie przyjmujesz, i manifestacjom Jaźni, jakie wnosisz do nieustającego procesu tworzenia w obrębie Najwyższej Rzeczywistości.

Co więcej, nie musisz wcale czekać, aż znajdziesz się w Dziedzinie Czystego Bytu. Tę świadomość można osiągnąć w dowolnym momencie. Właśnie na ciągłym poszerzaniu świadomości polega ewolucja.

23

W naszej wcześniejszej rozmowie, zapisanej w książce When Everything Changes, Change Everything, *wspomniałeś o „Dziedzinie Czystego Bytu". To o niej tu teraz mówimy?*

W rzeczy samej.

Tak, teraz sobie przypominam. Wymieniłeś Dziedzinę Czystego Bytu jako jeden z trzech aspektów Królestwa Bożego. Pozostałe dwa to Dziedzina Duchowości i Dziedzina Fizykalności.

Czyż nie mówiłem, że w moim królestwie jest wiele włości?

Mówiłeś. Stwierdziłeś to wprost. Czyżbyś sugerował, że nawet Ziemia wchodzi w skład Królestwa Niebieskiego?

Dlaczego „nawet"? Nie tylko Ziemia, ale cała Dziedzina Fizykalności jest częścią mego królestwa.

Jak wcześniej wspomniałem, Wysoko Rozwinięte Istoty w swoim wymiarze potrafią z łatwością przechodzić ze stanu ucieleśnienia do istnienia bezcielesnego. Mogą też przebywać w Dziedzinie Fizykalności, czyli w waszym wymiarze, jeśli służy to ich celowi.

Wspomniałem też, że wy również przemieszczacie się między stanami istnienia. Lecz kiedy przebywacie nieco dłużej w stanie fizycznym, nazywacie to „całym życiem".

Czy ludzie mogą przejść w stan metafizyczny za życia?

Mogą i przechodzą. Dzieje się tak podczas niektórych „snów". Dzieje się tak podczas tak zwanego „wychodzenia poza ciało". Dzieje się tak w trakcie „przeżyć na granicy śmierci". Niektórym z was udaje się to podczas medytacji. Jest to doświadczenie znane duchowym mistrzom, jak ich określacie, zarówno tym z dawnych czasów, jak i żyjącym obecnie. Potrafią oni w ciągu jednego życia, jak wy je pojmujecie, przyjąć ciało, porzucić je, po czym wcielić się ponownie.

Jak widać, w trakcie podróży przez życie można doświadczyć stanu metafizycznego. Choć nie jest to powszechne doświadczenie.

To dlatego na określenie ludzi używasz wyrażenia „byty istniejące głównie w Dziedzinie Fizykalności".

Używam go również na określenie istot, które w twoim języku zyskały miano „kosmitów", czyli myślących bytów zamieszkujących inne planety w fizycznym wszechświecie.

Dziękuję. Teraz dokładniej rozumiem sens tego określenia. Intryguje mnie jeszcze jedno wyrażenie, którego kilkakrotnie użyłeś. Chodzi o „Wolę Nadświadomości". Mógłbyś wyjaśnić, co to takiego?

Owszem. Omawiałem tę kwestię dość szczegółowo podczas wcześniejszej rozmowy zrelacjonowanej w książce *Przyjaźń z Bogiem*. Wszystkie myślące istoty doświadczają świadomości na czterech poziomach: Podświadomym, Świadomym, Nadświadomym i Wszechświadomym.

Energia tworzenia, jaką wykorzystuje każda myśląca istota, płynie w danym przypadku z jednego z tych czterech poziomów.

Ze względu na to, że stanowicie bardzo młody gatunek, ludzie z reguły nie do końca zdają sobie sprawę z tego, jaki mechanizm wykorzystują w przypadku konkretnego działania. Tworzą wyniki (i zarazem swoje własne doświadczenie) na tym poziomie świadomości, z którego postrzegają życie i podejmują decyzje, lecz nie do końca zdają sobie sprawę z tego, który to poziom; nie mają sprecyzowanej intencji.

Przydałoby się to jakoś zilustrować, bo przyznam, że się pogubiłem.

Proszę, oto kilka klasycznych przykładów.

Wróćmy do sytuacji, o której mówiliśmy już wcześniej. Wyobraź sobie osobę, która skaleczyła się w palec. Tworzy ona na poziomie Podświadomym; przeważnie nawet o tym nie myśląc, wysyła do miejsca zranienia leukocyty i płytki krwi. Może w pełni zdawać sobie sprawę, co robi i na jakim poziomie świadomości, ale nie musi.

Osoba spiesząca się na samolot wykorzystuje energię z poziomu Świadomego, i na ogół tworzy na tym poziomie, *ponieważ* o tym myśli. Zazwyczaj w pełni zdaje sobie sprawę, co robi, i w jaki sposób tworzy swoje doświadczenie.

Z kolei osoba, która z narażeniem własnego życia wyciąga kogoś spod kół nadjeżdżającego autobusu, tworzy na poziomie Nadświadomym. Robi to *po* namyśle, lecz ocenia sytuację tak błyskawicznie, że *wydaje się*, że w ogóle się nad tym *nie* zastanawiała. Taka osoba zawsze w pełni zdaje sobie sprawę z tego, co robi i w jaki sposób tworzy.

Osoba, która z własnego wyboru postanawia przebudzić siebie, a następnie innych ludzi, stając się dla nich przykładem i wzorem Prawdziwej Tożsamości, tworzy na poziomie Wszechświadomym. Osoba ta rozmyślnie korzysta z energii z tego właśnie poziomu, w pełni zdając sobie sprawę, co robi i w jaki sposób tworzy.

Myślące istoty dają świadectwo tego, że doskonale i w pełni zdają sobie sprawę, Kim Są i Jak Działa Życie, kiedy celowo i *zawczasu* wybierają określony Stan Świadomości, na którym wyrażają i doświadczają, i nie ma znaczenia, czy przedmiotem wyrażania i doświadczania jest myśl, słowo czy czyn.

Myślące istoty pokazują, że nie do końca zdają sobie sprawę z tego, jak tworzą, kiedy wyrażają i doświadczają na poziomie świadomości, którego wcześniej rozmyślnie nie wybrały.

Wiele myślących istot „miota się" między różnymi poziomami świadomości, co znacząco wpływa na jakość i skuteczność ich myśli, słów i czynów w każdej chwili ich życia.

Mistrzami zostają ci, którzy się „nie miotają" i konsekwentnie, z rozmysłem i wyraźną intencją wybierają ten Stan Świadomości, z którego zgodnie z ich pragnieniem biorą się ich myśli, słowa i czyny.

Nie można było ująć tego lepiej. Teraz rozumiem.

Znakomicie.

Nie wiem tylko, jak osiągnąć poziom mistrzostwa, jak przestać się miotać między poziomami świadomości.

Po to właśnie zwróciłeś się do mnie.

Pokażesz mi, jak to zrobić?

Cały czas pokazuję. Tylko że wcześniej nie zwracałeś na to szczególnej uwagi. Teraz bardziej uważasz. Zaczynasz sobie uzmysławiać, że już się przebudziłeś. A to już coś. To początek początku, można by rzec.

Przekonasz się niebawem, że twoja świadomość rośnie.

W miarę doświadczania przesłania płynącego z naszej rozmowy, poczujesz, że zakres twojej świadomości coraz bardziej się poszerza.

Teraz rozumiem, dlaczego Wysoko Rozwinięte Istoty z Innego Wymiaru nie dopuszczą do tego, żeby nasza cywilizacja uległa zagładzie wskutek najazdu innych istot z Dziedziny Fizykalności. WRI szanują Zbiorową Wolę Nadświadomości społeczności, której członkowie doświadczają siebie głównie jako byty fizyczne.

Zgadza się. Słusznie rozumujesz.

A zatem Ziemianom ze strony mieszkańców kosmosu nic nie grozi.

Jest tylko jeden gatunek, którego powinniście się obawiać.

A jednak. Który to gatunek jest taki niebezpieczny?

Ziemianie. Możecie wyrządzić sobie krzywdę sami.

24

Przedni dowcip. Naprawdę przedni.

To wcale nie dowcip. To najszczersza prawda.

Ale przecież Zbiorową Wolą Nadświadomości ludzkości jest raczej uniknięcie zniszczenia.

Zgadza się.

Więc w jaki sposób ludzkość może stanowić dla siebie zagrożenie?

Ludzkość jako Zbiorowość nie może ulec i nie ulegnie zagładzie. Zawsze będzie istnieć, ponieważ taka jest Zbiorowa Wola Nadświadomości. Kwestią jest nie *przetrwanie* Zbiorowości zwanej „ludzkością”, lecz *sposób* jej istnienia. Liczy się to, jaka będzie *jakość* życia ludzi.

Decydujecie o tym teraz. Wiele zależy od tego, czy przebudzą się masy.

Ci, którzy samookreślają się jako przewodnicy i z własnego wyboru przyjmują Trzecie Zaproszenie, wywrą znaczący wpływ na ostateczny kształt tworzonej na waszej planecie rzeczywistości.

To, co usłyszałem od ciebie, otwiera szerokie pole do dyskusji, wywołuje szereg nowych pytań. Jestem w kropce, ponieważ nie chcę, żebyśmy za bardzo się rozpraszali. Chcę, żeby nasz dialog był spójny.

O cokolwiek zapytasz, nasz dialog nigdy nie będzie „rozproszony" czy „niespójny". Wszystkie tematy to w gruncie rzeczy jeden temat, rozpatrywany z różnych punktów widzenia.

Wszystko sprowadza się do jednej kwestii...

ŻYCIE:
Jakie jest naprawdę?
Jak żyć w oparciu o tę prawdę?

Dobrze, w takim razie po prostu rozwinę ten wątek. Ponieważ odnosi się do mnie, do czytelników niniejszej książki, no i oczywiście do wszystkich, którzy z własnego wyboru postanowią wesprzeć proces obudzenia ludzkości.

Dobrze.

Wspomniałeś, że Wysoko Rozwinięte Istoty z Innego Wymiaru przechodzą ze stanu fizycznego do metafizycznego i z powrotem, kiedy tylko przyjdzie im na to ochota. Następnie stwierdziłeś, że w przypadku ludzi jest dokładnie tak samo.

Zgadza się.

Cóż, chyba niewielu z nas doświadcza tego w ten sposób. Rodzimy się – czyli jak to nazywasz, „ucieleśniamy się" – wtedy, kiedy się rodzimy. Doświadczenie mówi nam, że pora narodzin nie zależy od nas. I umieramy, kiedy umieramy. Na to również nie mamy wpływu.

Jesteś w błędzie.

No dobrze, zgoda, niektórzy giną z własnej ręki, więc to od nich zależy, kiedy umrą. Ale na pewno nie mamy wpływu na to, kiedy się rodzimy.

Dopóki będziesz utożsamiał się ze swoim ciałem, dopóty będziesz trwał w przekonaniu, że to prawdziwy obraz tego, co nazywasz „narodzinami" i „śmiercią".

Mówiłeś mi już wcześniej, że nie jestem ciałem. Powiedziałeś, że mam *ciało, ale moja prawdziwa istota to nie ciało.*

Cieszę się, że zapamiętałeś. To najbardziej doniosłe stwierdzenie na temat istoty Jaźni, jakie ode mnie usłyszałeś. Dziel się nim z innymi.

Każda istota w Innym Wymiarze postrzega siebie jako emanację Podstawowej Podstawy, czy też, używając określenia, którym posługiwaliśmy się do tej pory i które łatwiej skojarzyć – *Duszy*.

Jak widzisz, rozważając to zagadnienie, wcale się nie rozpraszamy. Ma ono bowiem kluczowe znaczenie dla naczelnej kwestii, która brzmi: w jaki sposób ludzie mogą wzorować się w życiu na Wysoko Rozwiniętych Istotach?

Zatem wykorzystaj to, o czym tu mowa, żeby nadać szerszy wymiar naszej dotychczasowej dyskusji o możliwościach rozwoju, jakie rysują się przed ludzkością.

Świetnie. Zgoda. Dostrzegam powiązania. Jeśli dobrze rozumiem, z tego, co mówisz, wynika, że postrzegając siebie jako „Dusze", Wysoko Rozwinięte Istoty z Innego Wymiaru wiedzą z doświadczenia, że mogą ucieleśniać się w dowol-

nej chwili, że nigdy nie umierają, że niczego nie potrzebują i nie posiadają, że nie ma niczego, czym nie podzieliłyby się z innymi, i niczego, czego nie zrobiłyby dla tych, których kochają – a kochają wszystkich.

Znakomite podsumowanie. Zebrałeś wszystkie wątki w jedną całość. Należą ci się gratulacje.

Nie tylko mnie. Również tym, którzy postanowią sami sobie pomóc i sami siebie wybiorą na pomocników w dziele przebudzenia innych.

Słusznie.

Teraz wiem, że im bardziej postrzegam siebie jako wcieloną Duszę, w tym większym stopniu potrafię żyć tak, jak z założenia mają żyć myślące istoty, które znają swą Prawdziwą Tożsamość i ją akceptują.

Oczywiście, warto drążyć dalej zjawiska i postawy różniące nas od przebudzonego gatunku, który uznaje i realizuje swą Prawdziwą Tożsamość, ale sądzę, że przekaz na temat Wysoko Rozwiniętych Istot może okazać się dla wielu zbyt trudny do przełknięcia (a to ważne, skoro ja i inni ochotnicy mamy przebudzić ludzkość), jeśli nie dowiemy się czegoś więcej o WRI, czym są i w jaki sposób nas wspierają.

Wspomniałeś, że czasami ucieleśniają się w Dziedzinie Fizykalności, żeby nieść pomoc innym istotom żyjącym we wszechświecie.

Zgadza się.

Ale jak to jest możliwe, że kiedy przyjmują postać fizyczną w świecie, który nie jest ich macierzystą dziedziną, nie zostają rozpoznane jako „obcy"?

Czasami zostają rozpoznane, zresztą o to im właśnie chodzi. Mogą pojawić się tam w tym samym ciele, w którym przebywają we własnym świecie. Ich postać jest zwykle nietypowa dla środowiska, w którym się znalazły, więc w takich przypadkach można mówić o celowym zaprezentowaniu swej „obcości". Dzieje się tak wtedy, gdy WRI zamierzają uzmysłowić bytom zamieszkującym inne światy, że (a) w ogóle istnieją, (b) są wśród nich, (c) nie mają złych zamiarów i przybywają, żeby im pomóc.

Jeśli jednak Wysoko Rozwinięta Istota uzna, że ukazanie się we własnej postaci spowodowałoby wstrząs albo wzbudziło poczucie zagrożenia prowadzące do niepotrzebnych działań obronnych, i w ten sposób udaremniłoby cel, w którym przeszła ze stanu metafizycznego do fizycznego w obcym dla niej świecie (a jej celem jest wspierać, nie straszyć), to przyjmie ciało właściwe dla gatunku, któremu pragnie pomóc. Będzie wówczas starała się wtopić się w obcą społeczność tak, żeby jej obecność nie wywoływała lęku, niepokoju, zamętu.

W jaki sposób „wtopi się w tłum"?

Przyjmie ciało na najwcześniejszym etapie cyklu życiowego danego gatunku i przejdzie kolejne fazy rozwoju tak samo jak każdy inny jego przedstawiciel.

Już rozumiem! Gdyby „pojawiła się" nagle, na każdym kroku musiałaby tłumaczyć się członkom miejscowej społeczności.

Właśnie. Przyjmując postać nowo narodzonego przedstawiciela rodzimego gatunku myślących istot, zapewnia sobie zarazem udokumentowane pochodzenie i całą historię rodzinną. Jej przybycie nie zaburza panującego porządku.

Istnieje też drugi, równie ważny powód, dla którego WRI przyjmuje ciało na początku cyklu życiowego, typowego dla danego gatunku. Dzięki temu WRI poprzez *doświadczenie* poznaje panujące w tym świecie zwyczaje; można by rzec w przenośni, że znajomość miejscowych dziejów i wierzeń wysysa z mlekiem matki.

I w tym nowym dla niej otoczeniu WRI jest traktowana jak „swojak". Nie wyróżnia się fizycznie, nie budzi postrachu wśród „miejscowych".

Zgadza się.

No dobrze, czas na pytanie zasadnicze: czy przedstawiciel przebudzonego gatunku, który z jakiegoś powodu postanawia nam pomoc, może przyjąć postać człowieka?

Oczywiście, że może. Wysoko Rozwinięte Istoty posiadają taką umiejętność.

A zdarzało im się już przyjąć ludzką postać? Nie próbuj się wykręcać od odpowiedzi. Zdarzało im się?

Owszem, zdarzało, ale niezbyt często.

Więc to prawda, *że, jak to się mówi, „obcy są wśród nas". Kosmici żyją nie tylko w kosmosie, ale również na Ziemi.*

Nie. Rozumiem, co masz na myśli, i muszę zaprzeczyć.

Nie wyobrażaj sobie, że tysiące, setki czy choćby dziesiątki przybyszów z kosmosu spacerują ulicami, siedzą przy stolikach w restauracji czy stoją w kolejkach do kasy w supermarkecie. Jeśli tak to rozumiesz, to nie ma i nigdy nie było obcych „wśród was".

To w takim razie jak to rozumieć?

Mówię tylko, że na przestrzeni ludzkich dziejów zdarzały się takie przypadki. Wysoko Rozwinięta Istota przyjmowała postać człowieka, żeby głosić – i co ważniejsze, demonstrować własnym przykładem – konkretne przesłanie, które mogłoby przepaść w odmęcie ludzkich spraw, gdyby nie zostało poddane pod rozwagę waszego społeczeństwa w tak bezpośredni i dobitny sposób.

Zdarza się to nie częściej niż raz na tysiąc lat, a może jeszcze rzadziej. To odosobnione przypadki.

O wiele bardziej rozpowszechniona metoda wspierania cywilizacji na Ziemi (czy na innej zamieszkałej planecie) polega na wysyłaniu dobroczynnej i uzdrawiającej energii, wprowadzaniu w obręb fizykalności myśli i koncepcji, których przyjęcie mogłoby korzystnie wpłynąć na wasze życie. Odbywa się to przez inspirację, jak wy to określacie.

Jednak żadna istota nie wkracza bezceremonialnie do umysłu drugiej nawet w postaci strumienia energii; stanowiłoby to pogwałcenie niepisanych reguł, które nie pozwalają na naruszenie prywatnej przestrzeni umysłu innej istoty. WRI po prostu wprowadzają do obiegu pewne idee, a te, poprzez zbliżoną sygnaturę energetyczną, wchodzą w rezonans z istotami w fizycznym świecie. Można powiedzieć, że są przez te istoty przyciągane poprzez energetyczny rezonans. Zainspirowana w ten sposób osoba mówi „wpadłam na pomysł". Bo rzeczywiście „wpadła" na pomysł. Ten zwrot doskonale tu pasuje.

Lecz skoro nigdy nie wkraczają do ludzkiego umysłu jako strumień energii, to jak im się udaje przebić ze swoimi ideami? W jaki sposób WRI sprawiają, że ktokolwiek w ogóle zwraca uwagę na ich koncepcje i sugestie, nie mówiąc już o ich przyjmowaniu?

Po prostu zanurzają je w nurcie, jak określił to Carl Jung, Zbiorowej Nieświadomości. Ludzie, którzy wchodzą w rezonans z tymi ideami, wskutek zgodności wibracji nieodparcie do nich lgną.

Oczywiście, wszystko jest energią, wibrującą z określoną częstotliwością. Każda istota myśląca we wszechświecie podatna jest na wpływ odpowiedniej dla siebie energetycznej wibracji. To właśnie w ten sposób znajduje inspirację.

Rzecz jasna, zdecydowaną większość swych koncepcji ludzie zawdzięczają zmysłowi obserwacji i własnej pomysłowości, więc udział WRI w intelektualnym dorobku ludzkości jest nieznaczny. Jednak ich idee krążą w energetycznym obiegu i zdarza się, że trafiają do świadomości osób, które czują z nimi magnetyczne powinowactwo. Często są to osoby uprawiające określone zawody, które wymagają ogromnej inwencji.

W rezultacie w książkach, filmach, programach telewizyjnych, czasopismach, wybranych mediach społecznościowych i innych środkach masowego przekazu pojawiają się czasem dalekosiężne, porywające i rewolucyjne idee.

Dzieje się to na dość szeroką skalę. Nie wiem, skąd się biorą te pomysły, ale sam natrafiłem na sporo filmów, książek, artykułów w sieci propagujących nowy, lepszy sposób wzajemnego odnoszenia się ludzi do siebie, sporo przekazów przedstawiających cudownie odmienioną wersję dziejów naszego gatunku albo kreślących nowe śmiałe scenariusze budowania dla nas lepszej przyszłości.

Nie będę dłużej ukrywał: zabiłeś mi ćwieka. Czyżby moje obecne doświadczenie dialogu z tobą miało coś wspólnego z tym zjawiskiem? Czy wszystkie moje rozmowy z Bogiem tak naprawdę były rozmowami z Wysoko Rozwiniętymi Istotami?

Nie. Twym partnerem w rozmowie nie jest jedna z omawianych Wysoko Rozwiniętych Istot, jeśli o to pytasz. Ten dialog to element ogólnego procesu, w ramach którego Boskość wyraża siebie we wszechświecie.

Każda myśląca istota może porozumiewać się bezpośrednio z Boskością. Nie potrzebuje i nigdy nie potrzebowała do tego żadnych pośredników, Wysoko Rozwiniętych Istot ani nikogo innego.

Wszyscy ludzie nieustannie ze mną rozmawiają. Tyle że się z tym nie „afiszują" albo nazywają to inaczej, w obawie przed wyśmianiem czy wykluczeniem.

Wysoko Rozwinięte Istoty są po prostu bardziej świadome swej odwiecznej więzi z Pierwotnym Źródłem. Nigdy nie wyparłyby się tego, że od niego się wywodzą, że doświadczają stałej łączności z Podstawową Podstawą, przez was zwaną Bogiem, i czerpią radość z przekazywania dalej tego, co zrozumiały i wyniosły z doświadczenia odwiecznej więzi i ciągłej jedności ze mną.

Zatem zdarzało się, że Wysoko Rozwinięte Istoty przebywały na Ziemi w ostatnich tysiącleciach?

Owszem, ale rzadko. Tylko wtedy, gdy w ten sposób mogły najskuteczniej głosić i własnym przykładem demonstrować przesłanie o kluczowym znaczeniu dla rozwoju waszego gatunku.

I bynajmniej nie traktują one swoich przesłań jako „propozycji nie do odrzucenia". Wysoko Rozwinięta Istota niczego nie wymaga ani nie narzuca. Niemniej, jej celem jest takie głoszenie i objawianie przesłania, by pozostało w pamięci odbiorców jak najdłużej.

25

Chciałbym zrozumieć to wszystko naprawdę dokładnie. Możesz uznać, że moja ciekawość szczegółów jest nienasycona, ale trudno mi przyjąć coś, czego nie potrafię ogarnąć najszerzej, jak się da.

Niepotrzebnie się przejmujesz takimi rzeczami. Prosiłem cię w czasie naszych poprzednich rozmów, żebyś wyzbył się poczucia, że musisz się z czegoś tłumaczyć lub za coś przepraszać.

Tak, pamiętam, i dziękuję ci.

Uważaj jednak, żeby dialog ten nie przerodził się w roztrząsanie technicznych kwestii związanych z Wysoko Rozwiniętymi Istotami, które cię tak fascynują, i żebyś nie stracił z oczu przewodniej myśli u podstaw Trzeciego Zaproszenia: w jaki sposób możecie swoje ziemskie doświadczenie wynieść na poziom godny przebudzonego gatunku zwanego Ludzkością.

Warto, żebyśmy porozmawiali o tym, w jaki sposób wprowadzić te szczytne idee w życie, jak je stosować na co dzień, i jak zgodnie z nimi postępować.

Wydaje mi się też, że więcej uwagi powinniśmy poświęcić miłości. Prawdziwej miłości. Rzeczywistej miłości. Fundamentalnej energii wszechświata. Temu, jak jej doświadczać i jak ją wyrażać w najczystszej postaci.

Dziękuję, że zwróciłeś mi na to uwagę. Postaram się nie zapominać o tym, co stanowi sedno tego przekazu. Naprawdę chcę odnieść wszystkie te ważne kwestie do własnego doświadczenia. Zdaję sobie sprawę, że dotyczą mnie osobiście i dlatego przyjąłem Trzecie Zaproszenie bez wahania. Teraz widzę, jak wielki może mi to przynieść pożytek.

Ale z drugiej strony, intryguje mnie to, co powiedziałeś o przebudzeniu ludzkości: nie musimy się martwić, ponieważ nie jesteśmy sami w tym przedsięwzięciu, mamy pomocników.

Tak.

I naszymi pomocnikami są Wysoko Rozwinięte Istoty z Innego Wymiaru.

Zgadza się.

Chcę się dowiedzieć jak najwięcej na ten temat. Zakładam, że WRI starają się nas wspierać, dzieląc się z nami swymi wyborami, decyzjami, działaniami, które, przebudziwszy się, możemy uprowadzić u siebie. Dlatego cieszę się, że omówiliśmy wszystkie punkty z listy i zastanowiliśmy się wspólnie, jak doniosłe płynie z nich przesłanie dla ludzkości.

Chcę wiedzieć więcej, ale najpierw muszę przezwyciężyć odzywający się w mym umyśle autentyczny sceptycyzm. Mam wątpliwości, czy te tak zwane Wysoko Rozwinięte Istoty naprawdę odwiedziły nas na Ziemi... a jeśli tak, to jak udało im się uniknąć rozgłosu na cały świat?

Gdybym się z tym uporał, mógłbym już bez przeszkód ze strony logicznego umysłu skupić się na tym, w jaki sposób ludzka społeczność mogłaby się zmienić, gdyby się w końcu przebudziła.

W takim razie, czego chciałbyś się dowiedzieć?

Najpierw chciałbym się upewnić, czy właściwie zrozumiałem wszystko, co usłyszałem do tej pory.

Pytaj śmiało.

Dziękuję.

W przypadkach, kiedy Wysoko Rozwinięta Istota wybiera istnienie fizyczne na Ziemi – mówiłeś, że to rzadkie zjawisko, ale się zdarza – nie „spada z nieba" jako w pełni uformowany dojrzały człowiek, ale ucieleśnia się na początku ludzkiego cyklu życiowego, zgadza się?

Tak to się właśnie odbywa.

Jedno nie daje mi spokoju. Czy matka i ojciec tego dziecka wiedzą, co się dzieje? Nie wyobrażam sobie, żeby Wysoko Rozwinięta Istota mogła postąpić wbrew ich woli.

I słusznie. W takich przypadkach przyszli rodzice łagodnie i z czułością zainspirowani zostają głębokim wewnętrznym poczuciem, że mają sposobność wydania na świat dziecka, które ma do wypełnienia szczególne zadanie, ale decyzja, czy się na to zdecydują, należy do nich.

Mimo to – nie będę ukrywał – myśl, że jakaś para płodzi obcego, budzi we mnie opór. Trudno mi coś takiego zaakceptować.

Wysoko Rozwinięta Istota zrodzona w wyniku obcowania kobiety i mężczyzny, to nie „obcy", tak jak i ty nie jesteś „obcym", gdy opuszczasz ciało w wyniku procesu zwanego przez was „śmiercią", a następnie powracasz z wymiaru metafizycznego, żeby rozpocząć kolejne życie w wyniku procesu zwanego przez was „narodzinami".

Wysoko Rozwinięta Istota to po prostu w pełni przebudzona jednostka, która przechodząc cały typowy dla was cykl rozwojowy, przyjmuje postać fizyczną zwaną „ludzką". Takie sytuacje zdarzają się jednak niezwykle rzadko.

Rozumiem.

Gdybyś ty postanowił przyjąć inną postać na którejś z zamieszkałych planet w fizycznym wszechświecie, również nie byłbyś „obcy". W każdej dowolnej społeczności w Dziedzinie Fizykalności, w której postanowiłbyś się ucieleśnić, byłbyś „u siebie".

Słucham? Nie nadążam za tobą.

Możesz przyjąć fizyczną postać na innej zamieszkałej planecie we wszechświecie. Nie wiedziałeś o tym?

Nie wiedziałem. Może gdzieś o tym czytałem albo słyszałem, ale do głowy by mi nie przyszło, że to może być prawda.

To jest prawda.

Chcesz powiedzieć, że mogę przyjąć ciało w innym świecie niż nasz ziemski?

Owszem, masz taki wybór.

Tylko po co miałbym się urodzić na jakiejś obcej planecie?

W ramach podróży, którą odbywa twoja Dusza, w ramach doświadczania przez Duszę każdego aspektu, który się na nią składa.

Z tego samego powodu twoja Dusza mogła wcześniej porzucić inne cywilizacje, żeby ucieleśnić się na Ziemi.

Sugerujesz, że ja *mogę być obcym* tutaj, *na Ziemi?*

Nie. Nie możesz być „obcym", skoro tu się narodziłeś, podobnie zresztą jak Wysoko Rozwinięta Istota przybywająca na Ziemię. O to właśnie chodzi. Ty zjawiłbyś się na Ziemi, żeby doświadczyć każdego aspektu istnienia, jaki umożliwia tutejsze życie, a Wysoko Rozwinięta Istota z Innego Wymiaru zjawiłaby się tu po to, żeby wam pomóc.

Czy naprawdę tego doświadczyłem? Wiem, że w sensie ogólnym Dusza może wybrać sobie świat, w którym przybiera ciało, ale czy to możliwe, że moja Dusza wcieliła się kiedykolwiek na innej planecie?

Pozwól, że zadam ci pytanie. Czy wpatrując się w nocne niebo zdarzyło ci się kiedykolwiek odnieść wrażenie, że patrzysz na rodzinne strony?

Tak, prawdę mówiąc, zdarzyło mi się. To bardzo ciekawe, ponieważ czułem wtedy wręcz tęsknotę, *a moją uwagę niczym magnes przyciągał pewien konkretny punkt na niebie.*

Sądzisz, że takie uczucia wywołałoby w tobie miejsce, w którym nigdy nie byłeś?

Rety, wkraczamy tu na zupełnie niespodziewane obszary.

Jeśli wolisz to, co spodziewane, to chyba nie powinieneś zaczynać rozmowy z Bogiem.

Masz rację.

Czyli Dusza ma wybór, w którym z istniejących światów w kosmosie przyjąć postać fizyczną w swym następnym życiu, tak?

Całe doświadczenie wszelkich Dusz sprowadza się do wyboru. Zawsze i na wieki, wybór, wybór, wybór.

Wolny wybór Boskiej Istoty, stającej się Boskością.

Kurczę, to jest... sam nie wiem... słowo niesamowite *ciśnie mi się na usta. Walczę z pokusą, żeby powiedzieć „nie do wiary".*

Dlaczego tak cię to zdumiewa? Czyż nie napisano: *Jesteście Bogami?*

Tak, tak, ale kto w to wierzy? Kto rozumie to dosłownie*?*

Jaki sens ma głoszenie przesłania, jeśli wy je odrzucacie?

Rozumiem. Ale w ziemskich świętych księgach jest mnóstwo różnych „mądrości", a bądźmy szczerzy, nie wszystkie są prawdziwe. Bardzo często zdarzają się też wypaczenia, błędne interpretacje tych – pozwolę sobie użyć tego słowa – „objawień". Konieczna jest więc staranna selekcja, a niełatwo rozstrzygnąć, co odrzucić, a co wziąć sobie do serca.

Owszem, i dlatego raz na jakiś czas Wysoko Rozwinięta Istota z Innego Wymiaru przyjmuje ludzką postać, żeby obwieścić, objawić i zademonstrować na własnej osobie najwyższe prawdy, dzięki czemu ludzkości, gatunkowi skądinąd niedojrzałemu, łatwiej się w tym wszystkim rozeznać.

Gdy Wysoko Rozwinięta Istota pojawia się na świecie jako człowiek, wchłania, przyswaja sobie i uosabia wszelkie aspekty człowieczeństwa, do najdrobniejszego szczegółu i cechy komórkowej. Toteż istota ta nie jest obcym, lecz w pełni ludzkim bytem, niemniej wykazuje świadomość oraz sposób myślenia i pojmowania rzeczywistości, które wynikają z jej bogatej wiedzy i doświadczenia.

To znaczy, że taką Duszę można by nazwać wysoko rozwiniętym człowiekiem*?*

Dokładnie. Ucieleśnione WRI, tak jak i wy, to Dusze objawiające Boskość w fizycznej postaci. To Dusze, które postanowiły ucieleśnić się w waszym wymiarze, żeby doświadczać swojej Boskości, pomagając innym Duszom przypomnieć sobie ich własną Boskość.

To wspaniałe wyjaśnienie, znakomita egzegeza.

26

Zatem Wysoko Rozwinięta Istota w swym rozwoju przechodzi wszystkie kolejne etapy, jak każdy inny przedstawiciel naszego gatunku, a po osiągnięciu dojrzałości zaczyna wypełniać swoje posłannictwo, pomaga przebudzić się ludzkości.

Niekiedy nawet wcześniej.

Rozpoczyna swą misję już jako dziecko?

Czasem tak.

I nie wydaje się jakieś dziwne, odstające od reszty?

Wydaje się, oczywiście. Zaskakuje innych wypowiadanymi słowami, a także ogromną wiedzą, jaką przejawia. Lecz jedynym celem WRI jest przekazanie informacji na temat wyższych ideałów, poddanie ich pod rozwagę społeczności, która jest jeszcze na wczesnym etapie rozwoju.

Ale jak to się odbywa? W jaki sposób WRI „przekazują" takie informacje? W jaki sposób pomagają nam, kiedy już znajdą się na Ziemi? Możesz mi to wyjaśnić?

Po prostu rozmawiając z ludźmi – czasem ze starszymi od siebie, a później już z rówieśnikami – mówią o rzeczach, które dają do myślenia, zapadają w pamięć, bywa, że na całe wieki.

Poza tym własnym postępowaniem pokazują innym, jak mogą żyć przebudzone istoty. To właśnie „świecenie przykładem" stanowi ich najważniejszy wkład w daną kulturę i zarazem główny środek przekazu niesionego przez nich przesłania.

Niektóre Wysoko Rozwinięte Istoty pozostawiają po sobie spuściznę literacką: utwory poetyckie, prozatorskie czy dramatyczne, które wzbogacają kulturę doniosłymi prawdami i wielkimi ideami.

Jakimi dokładnie ideami i prawdami? Chciałbym się wreszcie dowiedzieć, jak myślą przebudzone istoty. Przydałyby się konkretne przykłady.

Proszę bardzo, oto niektóre z nich. Wyzbądź się poczucia, że kiedykolwiek doznałeś uszczerbku, a tym bardziej nie szukaj zemsty. Błogosław tym, którzy cię skrzywdzili. W żadnych okolicznościach nie uciekaj się do obrony.

No cóż, to idee mocno... jakby to ująć... „postępowe". Człowiek, który by je głosił, zostałby pewnie uznany za odszczepieńca, odsunięty na margines. Nikt nie wziąłby jego przesłania na poważnie.

Nie bądź taki pewny. Takie poglądy występowały już w waszej kulturze i wcale nie zostały odrzucone, spotykały się wręcz z uznaniem.

Człowiek zwany Buddą przestrzegał swych uczniów mnichów przed chowaniem urazy, nawet gdyby zostali napadnięci przez rozbójników i ograbieni z całego majątku. Mówił do nich: „Ten, kto będzie żywił w sercu urazę, nie będzie przestrzegał moich nauk. Wy, mnisi, nawet w obliczu takiego zdarzenia, winniście ćwiczyć następującą postawę: «Nie będę rozpamiętywał tego zdarzenia w swym umyśle ani też nie pozwolę, aby z mych ust wyszły złe słowa, lecz pozostanę przepełniony litością i troską, z miłością w sercu, i nie ulegnę nienawiści.

Wręcz przeciwnie, sprawców owych czynów będę przedstawiał sobie w myślach z miłością, czyniąc z nich jak i z całego świata przedmiot godny miłości i pozwalając, aby myśli te we mnie rosły i potężniały. Będę żył, promieniując myślami wolnymi od wrogości i urazy». Taka postawę, mnisi, winniście ćwiczyć".

A czyż człowiek zwany Jezusem nie powiedział: „Miłujcie waszych nieprzyjaciół, dobrze czyńcie tym, którzy was nienawidzą, błogosławcie tym, którzy was przeklinają, i módlcie się za tych, którzy was oczerniają"? I czy nie powiedział też: „Jeśli cię kto uderzy w jeden policzek, nadstaw mu i drugi!"?

Chcesz powiedzieć, że Budda i Jezus byli Wysoko Rozwiniętymi Istotami z Innego Wymiaru?

Chcę powiedzieć, że głoszone przez nich idee nie znalazły większego posłuchu i mało kto w tamtych czasach próbował wprowadzić je w życie.

W dzisiejszych czasach również niewielu próbuje.

Zgadza się. W dzisiejszych czasach jest podobnie. Z takim przesłaniem może wystąpić tylko ktoś prawdziwie natchniony.

Jezus i Budda to WRI czy nie? Dowiem się w końcu?

Niczemu pożytecznemu nie służy wymienianie z osobna każdego przedstawiciela ludzkości, który w przeszłości został zainspirowany przez Wysoko Rozwiniętą Istotę ucieleśnioną na Ziemi, ani wskazywanie, kto spośród was był taką istotą.

Pytam, ponieważ z tego, co mówisz, można by wnosić, że wielcy nauczyciele, posłańcy i filozofowie na przestrzeni dziejów – od Lao Tse do Sokratesa, od Buddy do Jezusa, od świętej Hildegardy do urodzonego dwieście lat później Juliana z Norwich – byli Wysoko Rozwiniętymi Istotami z Innego Wymiaru. To właśnie próbujesz mi dać do zrozumienia?

Sam widzisz, że podobne dywagacje odwracają uwagę od tego, co najważniejsze, czyli od ich przesłania. Mówisz tak, jakby możliwość tego, że natchnęła ich Wysoko Rozwinięta Istota, albo oni sami byli takimi istotami, przybyłymi z innego wymiaru i zrodzonymi w ciele człowieka, żeby wspomóc ludzkość, stawiało w innym świetle cudowność i chwałę ich osobistego przykładu, mądrość i przenikliwość głoszonego przez nich orędzia.

Dlaczego jednak *źródło* przesłania miałoby mieć większe znaczenie niż jego *treść*?

Założonym skutkiem zsyłanego natchnienia i wsparcia udzielanego wam przez WRI w procesie waszej ewolucji nie jest nakłonienie was do kwestionowania przeszłości, lecz zainspirowanie do budowania świetlanej przyszłości.

Prawda pozostaje prawdą, bez względu na to, z jakiego źródła pochodzi.

Dobrze, nie będziemy już drążyć zamierzchłych dziejów, ale pozwól, że zapytam, czy taka istota przebywa obecnie na naszej planecie?

Tego rodzaju dociekania nie służą żadnemu pożytecznemu celowi.

Gdybym odparł, że tak, natychmiast chciałbyś poznać jej tożsamość. Gdybym odpowiedział: „Nie, w tym okresie waszych dziejów nie ma wśród was takiej istoty", to na pewno chciałbyś się dowiedzieć, kiedy *ostatnio* pojawiła się na Ziemi.

Wskazywanie, kto spośród was, teraz czy w przeszłości, jest czy był przebudzoną istotą z Innego Wymiaru, mogłoby w oczach niektórych ludzi przekreślić wiarygodność pewnych doniosłych przekazów, które częściowo już się w waszym społeczeństwie przyjęły – lub odwrotnie, mogłoby wynieść „na ołtarze" każde słowo, które ta osoba wypowiedziała lub napisała, czyniąc z niej przedmiot kultu i sprawiając, że zamiast w *siebie samego* zacząłbyś wierzyć w *nią*.

Przekonałeś mnie.

I o to chodziło. Starania Wysoko Rozwiniętych Istot nie miałyby sensu, gdyby w wyniku ich działań ludzkość zaczęła po prostu szukać pomocy *u nich*.

WRI dążą do tego, żeby ludzie zyskali świadomość, Czym *oni sami* Są Naprawdę, a nie czym są *inne istoty*.

Tak, o to postarały się już nasze religie. Nie chcemy, żeby historia się powtórzyła.

Nie chcemy. Celem misji, jakiej podejmują się WRI na rzecz ludzkości, jest nie przyćmienie jej blasku własną świetnością, lecz sprawienie, za pomocą dobrze dobranego słowa, myśli poddanej wam pod rozwagę, żeby blask ludzkości jaśniał jeszcze mocniej.

Stąd wzięło się powiedzenie (przytaczam je w łagodniejszej wersji): „Jeśli spotkasz na ulicy Buddę, uciekaj od niego".

Nigdy nie rozumiałem, o co w nim chodzi.

Jeśli ktoś wygląda jak Budda, chodzi jak Budda, mówi jak Budda i zachowuje się jak Budda, to nie może być Budda, tylko oszust pragnący twej uwagi i uwielbienia. Ponieważ prawdziwy Budda nie chciałby od ciebie niczego, a zwłaszcza uznania *swojej wielkości*, gdyż jego wyłącznym pragnieniem byłoby twoje samospełnienie.

O kurczę, teraz rozumiem. To zarazem znakomita odpowiedź na moje wcześniejsze pytanie, dotyczące pokusy stawiania siebie na piedestał jako przewodnika, który z własnego wyboru działa na rzecz przebudzenia innych.

Nawet gdyby ego domagało się zaszczytów, głębsza świadomość wyraźnie podpowiadałaby, że przekreśliłyby one cały sens przyjęcia Trzeciego Zaproszenia.

W rzeczy samej. Z tego samego powodu wskazywanie z imienia i nazwiska WRI przebywających obecnie czy w przeszłości na Ziemi udaremniłoby cel tych rzadkich odwiedzin.

Jasne. Nie będę dłużej nalegał, ale nie przeczę, że sprawa ta nadal budzi moją ciekawość.

Odniósłbyś o wiele większą korzyść, gdyby twoją ciekawość rozpalało inne zagadnienie, to mianowicie, kiedy cała społeczność ziemska postanowi żyć jak prawdziwie przebudzony gatunek. Tego życzyłyby sobie WRI.

27

Czy jest możliwe, żebym zrozumiał metafizyczną podstawę wszystkich omawianych do tej pory zagadnień, oczywiście w wersji uproszczonej?

Owszem, to jest możliwe. Pytanie tylko, jak bardzo cię to interesuje i czy masz w sobie dość cierpliwości.

Dzięki temu lepiej zrozumiesz samego siebie, wielowymiarowy wszechświat, w jakim żyjesz, a nawet Boga, lecz na początku możesz się czuć jak na tureckim kazaniu.

Mów. Zamieniam się w słuch.

Otóż życie w każdej postaci zawiera w sobie dużo więcej przestrzeni niż materii.

(Łatwo to dostrzec patrząc przez mikroskop lub teleskop. Jak można przewidzieć, wszechświat i ziarenko piasku wyglądają tak samo, w zależności od skali powiększenia. Makrokosmos i mikrokosmos w zasadzie niczym się od siebie nie różnią.)

Kiedy czysta energia – pierwotny przejaw Życia, czyli Podstawowa Podstawa – „krzepnie", przeistacza się w coś, co wy, ludzie, nazywacie „materią".

Ponieważ „skrzepy" energii wibrują z odpowiednią prędkością, elementarne cząstki są w nieustannym ruchu. Nie tylko wirują dookoła własnej osi, lecz także przemieszczają się w przestrzeni, napędzane energią własnego obrotu, podobnie jak nakręcony bączek, który obracając się, przesuwa się po podłodze.

Te niezliczone cząstki potrafią poruszać się z taką prędkością, że powstaje wrażenie, jakby nie znajdowały się w tym czy innym punkcie przestrzeni lecz wszędzie naraz; wrażenie to daje początek złudzeniu zestalenia, jednolitości, czyli – jak byście to ujęli – „fizyczności".

Szybko obracające się skrzydła wentylatora czy szprychy w kole rowerowym wywołują tę samą iluzję – iluzję jednolitości.

Rozumiem. Z tego wynika, że obniżając *częstotliwość czy tempo wibracji swej Podstawowej Podstawy, WRI z Innego Wymiaru się* od-stalają *czyli „odcieleśniają".*

Dokładnie. Po prostu gwałtownie spowalniają ruch cząstek skupionej energii w swym ciele, nic więcej. A wtedy dotarcie z jednego punktu do drugiego, wyznaczonego przez ich wzorzec drgań, zabiera tym cząstkom dużo więcej czasu.

Nagle między cząstkami widać wolną przestrzeń, podobnie jak wtedy, gdy ustaje działanie siły obracającej koło roweru i między szprychami ukazują się odstępy.

(A propos kół, spójrz na wszechświat albo którąś z galaktyk z odpowiednio ogromnej odległości, a zobaczysz właśnie Wielkie Koło.)

Idźmy dalej: gdyby odstępy między szprychami znacząco się powiększyły, przez długi czas, do chwili pojawienia się następnej szprychy, widziałbyś jedynie pustą przestrzeń, zwłaszcza gdybyś sam skurczył się do rozmiarów drobnoustroju, przez co odpowiednio skróciłaby się twoja perspektywa oglądu. W rezultacie w trakcie oczekiwania na pojawienie się kolejnej szprychy, wydawałoby ci się, że wcześniejsza jednolitość zniknęła. Lecz trzeba ci wiedzieć, że tej jednolitości nigdy tam *nie było*. To wyłącznie za sprawą przesuwających ci się szybko przed oczami szprych powstało jej *złudzenie*.

Kiedy Wysoko Rozwinięta Istota się „od-fizycznia", czas między kolejnymi przebiegającymi w niej cyklami energii wydłuża się (względnie, rzecz jasna) tak, że przestrzeń między ośrodkami wibracji rośnie (tak samo jak wcześniej, względnie), a to, co wyglądało jak stała fizyczna postać, przestaje tak wyglądać. Wydaje się, że istota ta zniknęła, ponieważ jej nie widać; ujrzeć ją w całej pełni można tylko z niewyobrażalnej dla ludzi odległości.

Wzór jest prosty:

Czas + Przestrzeń = Pozór Fizyczności

Gdybyś mógł spojrzeć na wszechświat – i na *wszechświat wszechświatów* – z odpowiedniego dystansu, zobaczyłbyś Ciało Boga.

Więc fizycy nie mylą się w swoich domysłach? Istnieje więcej niż jeden wszechświat?

Tak. Kosmos to w istocie wieloświat.

Więc prawdy o kosmosie nie ogarniamy nawet w połowie.

Ściśle mówiąc, nawet *w jednej setnej*. Lecz Wysoko Rozwinięte Istoty z Innego Wymiaru doskonale opanowały metafizykę bytu, dlatego wiedzą, że częstotliwość ich energetycznej wibracji nie ma absolutnie żadnego wpływu na to, czy istnieją czy też przestają istnieć. Wydają się tylko być albo nie być w postaci „fizycznej".

„Być albo nie być, oto jest pytanie".

Otóż to.

WRI wiedzą, że istnieją zawsze i wiecznie jako wibrujące upostaciowania Podstawowej Podstawy, i po prostu regulują amplitudę drgań swej energii, dostosowują jej wahania tak, żeby pojawiać się i znikać, przybierać fizyczną formę i pozbywać się jej, zgodnie z celem, jaki sobie obrały.

Jakie to w gruncie rzeczy proste. Tak naprawdę nigdy się nie „ucieleśniają" ani „odcieleśniają", po prostu zawsze są. *Istnieją w* obu *postaciach. Zajmują więcej lub mniej przestrzeni, to znaczy powiększają się lub kurczą, spowalniając lub podwyższając tempo drgań swojej energii.*

Ty jesteś przeogromny, lecz twoja energetyczna wibracja powoduje, że nie można cię zobaczyć! To nie znaczy, że cię nie ma. Po prostu tak się rozrosłeś, *że przestrzeń oddzielająca skupiska twojej energii czyni cię niewidzialnym.*

Świetnie. Trafiłeś w sedno! Oto metafizyczne wyjaśnienie, czym jest „Bóg"!

Wszystko, włącznie z tobą, to cząstki Boga, nośniki energii Boga. A ogromna przestrzeń oddzielająca olbrzymie wirujące cząstki kosmosu znajduje odbicie w ogromnej przestrzeni (względnie ogromnej, ma się rozumieć) oddzielającej cząstki, z których *ty* się składasz.

Rozumiesz już, że gdybyś spojrzał na swoje ciało w olbrzymim powiększeniu, zobaczyłbyś dokładnie to samo, co widzisz, patrząc nocą w niebo? Stwierdziłbyś, że zarówno ty, jak i cały kosmos to w dziewięćdziesięciu dziewięciu procentach pusta przestrzeń.

Sądzisz, że to przypadkowa zbieżność?

Gdybyś usunął tę przestrzeń z ciała każdego człowieka na Ziemi i pozostawił jedynie elementarne cząstki energii, cała ludzka rasa zmieściłaby się wewnątrz niewielkiej piłki.

Od tych porównań można dostać zawrotu głowy.

Ale mają nieocenioną wartość poglądową.

Ludzie przeważnie utożsamiają się ze swoim ciałem, efektem, który powstaje, kiedy ich cząstki energii poruszają się z najwyższą prędkością.

Nie postrzegasz siebie jako duszy, która *stwarza* ciało w wyniku prostej metafizycznej operacji.

Kiedy cząstki energii danej osoby przemieszczają się z najwyższą prędkością, mówicie, że ta osoba „żyje". Lecz kiedy krążąca w nich energia mocno spowalnia, mówicie, że „umarła".

Lecz nie ma czegoś takiego jak umieranie. Nigdy nie przestajecie być, zmieniacie jedynie postać. Można powiedzieć, że kiedy „umieracie", *rośniecie na potęgę.*

Czyli w rzeczywistości nigdy *się nie „od-fizyczniam". Zawsze jestem zbiorem cząstek energii, nigdy nie przestaję nim być. To właśnie masz na myśli mówiąc, że śmierci nie ma! To, czy istnieję w stanie „fizycznym" czy „metafizycznym", zależy od ruchu obrotowego tworzących mnie cząstek; od ich wzajemnego oddalenia w kontinuum czasoprzestrzennym! Krótko mówiąc, od prędkości, z jaką wirują i przesuwają się względem siebie.*

Widzisz? Pytałeś, czy potrafiłbyś ogarnąć podstawy metafizyki, choćby w uproszczonej wersji, a ja odparłem, że tak. I miałem rację.

Ale przecież po odejściu Duszy moje ciało nadal istnieje w wymiarze fizycznym. Zostaje pochowane w ziemi, spalone albo poddane innym rytualnym działaniom. Nie znika ot tak.

Nie znika. Po prostu przestaje istnieć w dotychczasowej postaci.

W końcu się rozpada.

Wydaje mi się, że raczej jednoczy się z planetą. Ulegając rozkładowi „martwe" ciało stopniowo wchodzi w skład większej całości, Ziemi, do której zostało złożone. A jeśli poddano je kremacji, natychmiast zmienia się w proch, podstawowy budulec Ziemi i wszechświata. Ale nie ulega rozproszeniu.

Słusznie. Ciało nie ulega rozproszeniu, lecz na nowo jednoczy się z fizycznym otoczeniem. Gdy ten proces się dopełni, wydaje się, że już go nie ma, że się rozproszyło. Lecz ono bynajmniej się nie *roz-proszyło,* raczej całkowicie się *s-proszyło,* stało się prochem, zasiliło tworzywo, z którego powstaje wszystko.

Z prochu powstałeś, w proch się obrócisz.

Dokładnie. Jego cząstki zostają następnie zebrane przez Duszę i na nowo połączone z Umysłem i Duchem, i znów wyłania się troista Jaźń. Na tym polega wskrzeszenie ciała, o którym tyle napisano.

Ale ten proces wygląda inaczej niż w przypadku Wysoko Rozwiniętych Istot; nie dokonuje się natychmiast, tylko trwa jakiś czas.

Jeśli rozpatrujesz to, poddając się własnej iluzji czasu, to tak. Ale gdybyś spojrzał na to z innego punktu widzenia, z perspektywy Duszy w stanie metafizycznym, zobaczyłbyś, że wszystko dzieje się jednocześnie.

Energetyczne upostaciowania, które nazywacie ciałem i umysłem, towarzyszą Duszy przez całą wieczność; w rzeczywistości wchodzą w jej skład. To, co wasz intelekt w swym ograniczonym pojmowaniu określa mianem ciała i umysłu, to tylko aspekty energii Duszy, a częstotliwość wibracji sprawia, że są doświadczane i wyrażane w określony sposób.

Składają się na ciebie trzy element: ciało, umysł i duch. Nigdy nie przestajesz być troistą istotą. Gdy przechodzisz z wymiaru metafizycznego do fizycznego i odwrotnie, po prostu rozkładasz i na nowo scalasz te trzy składniki twego prawdziwego jestestwa.

Odniesienie do „białego światła" pomoże ci zrozumieć, jak to jest możliwe. Białe światło to tak naprawdę wiązka świateł o różnych długościach fal w spektrum elektromagnetycznym. Jeśli białe światło pada na pryzmat dyspersyjny, ulega rozszczepieniu na barwy widmowe, które się na nie składają.

Wyobraź sobie teraz, że fizykalność to „pryzmat" Najwyższej Rzeczywistości. Kiedy Dusza przechodzi do stanu fizykalności, rozkłada się na trzy składowe części: ciało, umysł i ducha. Kiedy opuszcza fizyczny wymiar, czyli – jak wy to określacie – „odchodzi z tego świata", Dusza staje się na powrót jednym elementem.

Ten element to Ty.

28

Mimo to nadal mam ochotę upierać się, że proces, który przedstawiłeś mi tak przejrzyście, wymaga określonego czasu *i* przestrzeni. *A ty powtarzasz, że czasu i przestrzeni nie ma. Próbuję jakoś dojść z tym do ładu.*

Widzę, że *naprawdę* chcesz zgłębić kosmologię życia.

Wybacz, ale taki już jestem. Nie potrafię częściowo czegoś zrozumieć czy zaakceptować; muszę to zrozumieć czy zaakceptować w całości.

To dobrze. *Bądź sceptyczny.* Zgłaszając zastrzeżenia, wypowiadasz się w imieniu wielu spośród swoich braci i sióstr. Przebudzenie ludzkości polega również na tym.

Wyjaśniałem ci to już wcześniej, lecz niektórzy może po raz pierwszy stykają się tą koncepcją. Z kolei ci, którzy już się z nią zetknęli, w tym również i ty, złożyli nasze wcześniejsze rozważania gdzieś w najdalszych zakamarkach swego umysłu i z czasem mogli o nich całkiem zapomnieć.

Zatem raz jeszcze pokrótce omówimy to zagadnienie, a gdyby ktoś potrzebował więcej szczegółów, może sięgnąć po nasze wcześniejsze rozmowy.

Świetnie, bo w moim obecnym pojęciu proces, dzięki któremu ludzie, a nawet Wysoko Rozwinięte Istoty z Innego Wymiaru rozwijają się, poprzez doświadczanie siebie na coraz wyższych poziomach, wymaga czasu. Przydałyby mi się więc dalsze korepetycje. Sądzę wręcz, że mogłyby mieć dla mnie wymiar praktyczny, pomogłyby mi w zwykłym, codziennym życiu.

Pomogłyby z pewnością.

Z tego, co mówisz, wynika, że nawet Wysoko Rozwinięte Istoty żyją w obrębie „iluzji" czasu, jak to ująłeś.

To prawda. Tylko że *wiedzą*, że to złudzenie, więc zwracają uwagę na tę iluzję okazjonalnie, o czym była mowa nieco wcześniej. Pozwala im to wykorzystywać złudzenie czasu do osiągnięcia przyjętego celu.

To zaczyna mnie przerastać, tracę grunt pod nogami. Mam wrażenie, że zagłębiam się w jakichś mętnych wodach.

Rzucę ci koło ratunkowe, żebyś nie utonął. Wyobraź sobie płytę DVD z ulubionym filmem. Na płycie zapisana jest cała fabuła, tak?

Tak.

Ale nie oglądasz wszystkich scen naraz. Laser przesuwa się po kolei po pojedynczych bitach: jeden bit, drugi, następny, i powstaje wrażenie, jakby dane na płycie *istniały* w postaci sekwencyjnej, choć wiesz, że jest inaczej. Wiesz, że wszystkie dane wgrane są na płytę. Są tam w całości, kompletne, przez cały czas.

Skoro coś takiego potrafią wymyślić ludzie, ledwie dzieci w kosmicznej społeczności myślących istot, to pomyśl, do czego zdolne są Wysoko Rozwinięte Istoty z olbrzymią ilością danych na ogromnej płycie zwanej wszechświatem?

Podałeś mi ten przykład już wcześniej, a ja zupełnie o tym zapomniałem. Dziękuję, że mi to uświadomiłeś. Swoją drogą, to bardzo sugestywna analogia. Chyba już się wynurzam z odmętów.

To dobrze. Zatem zaczynasz rozumieć, że to iluzja. Ludzie na ogół nie zdają sobie sprawy, że czas i przestrzeń to złudzenie, więc wyobrażają sobie, że są przez nie ograniczeni, że podlegają ich ścisłym „regułom".

To tak jak w życiu. Gdy znasz „reguły", możesz się przeciwko nim buntować. Ale możesz też starać się je wykorzystać, posługiwać się nimi w celu wywołania takiego skutku, jaki sobie wymarzysz.

Tak właśnie robię *ja*, tylko że na wielką skalę. Tak robi każda istota na podobieństwo Boga.

Mówisz poważnie, że powinniśmy ignorować prawa czasu i przestrzeni? To tak, jakby komuś z manią wielkości kazać wyskoczyć z samolotu bez spadochronu, bo skoro nie obowiązuje go prawo grawitacji, to poleci jak ptak.

Nie chodzi mi o to, żebyście ignorowali prawa, według których działa wszechświat. Chodzi mi o to, żebyście się nimi *posługiwali.*

Co to właściwie znaczy? I jak przeciętny człowiek może się przekonać, że czas i przestrzeń to iluzja? Nam wydają się dość realne.

Ponieważ mają wydawać się realne. Po to są. Ich zadaniem jest wytworzenie Pola Kontekstowego, w ramach którego możecie wyrażać swoją Jaźń i doświadczać jej na najwyższym poziomie, a potem na kolejnym najwyższym poziomie i na kolejnym. I tak przez całe życie... i wszystkie następne *życia.*

Ale nadal pozostaje pytanie, jak wykorzystać tę iluzję? A przede wszystkim, skąd możemy wiedzieć, że czas i przestrzeń są złudzeniem? Bardzo mi się podoba porównanie z płytą DVD, ale czy można w jakiś sposób dowieść jego trafności?

Najlepiej wykorzystasz iluzję, uświadamiając sobie, że czas i przestrzeń nie są tym, czym się wydają, i że można do nich podchodzić w różny sposób, różnicując w ten sposób swoje doświadczenia.

Zauważyłeś, na przykład, że „czas mija szybko, kiedy dobrze się bawisz"? I przeciwnie, nie wydawało ci się, że tygodnie dłużą się jak miesiące, kiedy czekasz na jakieś szczególne albo ważne wydarzenie?

Tak. Zauważyłem też, że moja wydajność ogromnie wzrasta, kiedy robię coś „na ostatnią minutę".

Otóż to. Jeśli wiesz, że na dokończenie jakiegoś zadania zostały ci tylko cztery godziny, jesteś w stanie zdziałać w tym czasie dużo więcej niż normalnie zdziałałbyś przez cztery dni!

Zrozumienie tego może mieć wymiar praktyczny, bo dobrze wiedzieć, że w dziedzinie zachowania zasobów naturalnych Ziemi, ochrony przyrody i poprawy warunków życia na planecie w ciągu następnych dziesięciu dni możecie osiągnąć więcej niż zrobiliście na tym polu podczas ostatnich stu, a w ciągu następnych dziesięciu lat więcej niż podczas całego ostatniego stulecia.

Żeby tego dokonać, najpierw musicie przyjąć do wiadomości, że czas to iluzja; nie powinniście się zniechęcać obawami, że zostało wam zbyt „mało czasu", ale też nie wolno wam tkwić w gnuśności, tłumacząc sobie, że nie musicie się spieszyć, bo macie jeszcze „mnóstwo czasu".

Śmiało wyznaczajcie cele i „mierzcie siły na zamiary", nie oglądając się na czas. Wyzwólcie się ze sztucznych ograniczeń. I jak mówi przysłowie, nie odkładajcie na jutro tego, co możecie zrobić już dziś, zwłaszcza jeśli chodzi o przyszłość planety.

Jeśli przykład z płytą DVD nie wystarczy ci jako dowód na to, że w kategoriach fizyki czas, w takim sensie, w jakim wy go pojmujecie, jest iluzją, służę kolejnym: gdybyś leciał statkiem kosmicznym, oddalającym się od Ziemi z ogromną prędkością, i w pewnym momencie spojrzałbyś na Ziemię, żeby zobaczyć, co robi twój brat, widziałbyś nie to, co dzieje się w jego „teraźniejszości", ale to, co się działo w przeszłości.

Zobaczyłbym też swój statek kosmiczny odrywający się od ziemi!

Dokładnie. Gdybyś poruszał się z odpowiednio wielką prędkością i dotarł odpowiednio daleko, mógłbyś się odwrócić i zerknąć na swoją przeszłość!

To by oznaczało, że istnieję w dwóch miejscach jednocześnie!

(Hmm... nigdy nie komunikowałeś się ze swoją „przyszłą jaźnią"?)

Gdybyś z kolei wyruszył z jakiegoś dalekiego miejsca w przestrzeni kosmicznej w kierunku Ziemi i mógł utrwalić na zdjęciu to, co się na niej dzieje, to w tej samej chwili, kiedy twój brat doświadczałby na Ziemi swojej „teraźniejszości", ty widziałbyś jego *przyszłość*.

Nigdy tego nie mogłem pojąć. Poza tym, skąd mogę wiedzieć, że to prawda?

Zapoznaj się z dorobkiem Alberta Einsteina. Zapytaj pierwszego lepszego fizyka. Powie ci, że między ruchem w przestrzeni a upływem czasu występuje bezpośrednia zależność.

Na tym właśnie polega natura kontinuum czasoprzestrzennego?

Dokładnie. Przestrzeń i czas to nie dwie różne, oddzielne kategorie, lecz jeden zespolony element wszechświata – dwa aspekty Niezróżnicowanej Rzeczywistości.

W tej Niezróżnicowanej Rzeczywistości nie ma podziału na przeszłość, teraźniejszość i przyszłość. To wyłącznie kwestia określonego oglądu Całości. Jest tylko jedna Cudowna Teraźniejsza Chwila doświadczana z różnych „punktów" w kontinuum czasoprzestrzennym.

Powiedziałeś wcześniej, że wszystko, co się wydarzyło, co ma miejsce w teraźniejszości i co kiedykolwiek się wydarzy, dzieje się właśnie teraz. Już rozumiem, co miałeś na myśli.

Cieszę się.

Nasze postrzeganie czasu zależy od naszego położenia w przestrzeni. Czyż nie to właśnie próbujesz mi uzmysłowić?

Właśnie to.

W takim razie, jak możemy cokolwiek zmienić? Skoro wszystko już się wydarzyło, nie możemy zmienić przyszłości, nawet gdybyśmy bardzo chcieli.

Możecie zmienić przyszłość, której wy wszyscy obecnie żyjący *doświadczycie*. Nie istnieje tylko jedna „przyszłość", lecz wszystkie możliwe jej wersje, które moglibyście stworzyć.

Wyobraź sobie, że grasz z komputerem w szachy. Każdy możliwy wynik, każdy możliwy ruch, jest już zapisany na dysku. Ty wyznaczasz przebieg gry posunięciami, jakie wykonujesz. Kiedy następnym razem uruchamiasz komputer, żeby rozegrać nową partię, wykonujesz inne ruchy, przesuwasz inne figury, to program reaguje w adekwatny, inny niż poprzednio, sposób, i w efekcie powstaje zupełnie odmienna „przyszłość" z zupełnie odmiennym wynikiem.

W komputerowej grze w szachy wszystkie możliwe przyszłości już istnieją, lecz to ty swoimi posunięciami przesądzasz o tym, którego z wyników doświadczysz.

Po raz kolejny posłużyłeś się wspaniałą analogią! Dzięki temu nawet mój ograniczony umysł może postrzegać rzeczywistość w zupełnie inny sposób.

Możecie „zmieniać" przyszłość, wy i pokolenia, które przyjdą po was. Swoimi aktualnymi posunięciami *wybieracie* przyszłość, która się wypełni. Skutki tych działań odczują wasi potomkowie i ich potomkowie, i tak przez wieki wieków.

Kiedy powiedziałem, że wszystko, co już się wydarzyło, co ma miejsce teraz i co się dopiero stanie, dzieje się *właśnie teraz*, miałem na myśli „wszystko" w jak najszerszym sensie tego słowa. To „wszystko" obejmuje dosłownie każdą możliwość: każdy wyobrażalny wynik i każdą wyobrażalną przyszłość, mało tego, obejmuje również to, czego sobie nawet nie wyobrażacie.

Więc nasza przyszłość jest zapewniona! Wiemy, że istnieje, w takiej czy innej postaci, w zależności od tego, jakie „posunięcia" wykonamy.

Wasza przyszłość *jest* zapewniona. Lecz której „przyszłości" doświadczycie, o tym wy zadecydujecie sami.

Nie chodzi mi o „predestynację", która zakłada Jedną Jedyną Przyszłość, której nie możecie uniknąć, bo nie macie wyboru. Jest tylko Przyszłość, którą tworzycie i której doświadczacie, wskutek własnych wyborów i działań, jakie podejmujecie.

Często powtarzałeś, że „rzeczywistość nie jest taka, jak się wydaje na pierwszy rzut oka". Mówiłeś poważnie. Twoje słowa należy rozumieć dosłownie.

Owszem. A ty osiągnąłeś już taki stan świadomości, że możesz zrozumieć dosłowne znaczenie moich słów.

Zatem jeśli leży wam na sercu to, jak będzie wyglądać przyszłe życie na Ziemi, możecie już zacząć tworzyć konkretną, „wybraną przyszłość", wpływając na obecnie panujące warunki i odpowiednio je zmieniając.

Życie trwa nieustannie, ponieważ nie ma ani początku, ani końca. Lecz ty obecnie możesz doświadczyć naraz tylko jednego życia. Co przyniesie aktualna linia życia tobie i twoim towarzyszom podróży przez kontinuum czasoprzestrzenne, zależy wyłącznie od was.

Po tym wszystkim, co ostatnio od ciebie usłyszałem, przypomniałem sobie, że wiele z tych spostrzeżeń zapisałem w książce Home with God. *Zajrzałem do niej i odszukałem twoje słowa, w których jasno stwierdzasz: „Wszechświat przestaje się wydawać taki tajemniczy, gdy właściwie na niego popatrzysz, gdy ujrzysz jego wielowymiarowość. Nie przyjdzie ci to łatwo, albowiem przyjąłeś ciało i umieściłeś się w obrębie Czasu i Przestrzeni, stąd twoje postrzeganie, twój ruch ograniczone są przez możliwości ciała. Lecz ty nie jesteś ciałem, ty po prostu masz ciało".*

Zgadza się. W naszej rozmowie pojawiają się sprawy, które wyjaśniałem ci już wcześniej. Teraz zbierasz wszystko w jedną całość, uwypuklając i na nowo ożywiając główne przesłanie płynące z poprzednich dialogów.

To podsumowanie może posłużyć jako podręczne źródło wiedzy, do przypomnienia sobie i utrwalenia poznanego materiału. Może też skutecznie wspomóc każdą osobę, która z własnego wyboru postanowiła się przebudzić, a właściwie uzmysłowić sobie, że już jest przebudzona, i na miarę własnych możliwości zaangażować się w dzieło wspierania innych, również dążących do przebudzenia.

29

Chciałbym wrócić na chwilę do sprawy, istot zaawansowanych w rozwoju, niekoniecznie przebudzonych, żyjących na innych planetach w kosmosie. Powiedziałeś, że są wśród nich cywilizacje nadal stosujące przemoc, podobnie jak nasz raczkujący ziemski gatunek, mimo że dokonały ogromnego postępu technicznego. Po prostu muszę zadać to pytanie... Dlaczego pozwolono myślącym istotom osiągnąć wysoki stopień rozwoju cywilizacyjnego, nie próbując im wcześniej pomóc w przebudzeniu? Dlaczego kiedy jeszcze były młodym gatunkiem, jak obecnie Ziemianie, nie zwróciły się do nich Wysoko Rozwinięte Istoty z Innego Wymiaru, żeby pomóc im w porę się opamiętać i odrzucić niedojrzałe, agresywne zachowania?

Ależ mój drogi, WRI zwracały się do nich i służyły radą.

I nic to nie dało? Nie rozumiem. Skoro jesteś Bogiem i skoro WRI, ci wysłannicy, *że tak powiem, to jeden z przejawów Boskości, doświadczający swej prawdziwej istoty przez wspomaganie ewolucji innych form życia... to jak to się stało, że ich starania nie zakończyły się powodzeniem? Dlaczego nie doprowadziły tych istot, pod innym względem tak zaawansowanych w rozwoju, do zmiany świadomości i wyrzeczenia się wszelkiej przemocy?*

Każda istota we wszechświecie, a co za tym idzie, również każda cywilizacja, ma wolny wybór. Zapomniałeś o tym?

Fundamentalną cechą wszelkich inteligentnych form życia jest wolność. Wolność stwarzania takiej rzeczywistości, jaką wybierają.

Są cywilizacje starsze od ziemskiej, które na wczesnym etapie rozwoju, zbliżonym do obecnego waszego, nie wybrały własnego przebudzenia, nie uznały powszechnie swej Prawdziwej Tożsamości.

A ja myślałem, że Bogu wszystko *się udaje. Przecież istnienie porażki to jedna z Dziesięciu Iluzji Ludzkości. Jakim sposobem wysiłki WRI z Innego Wymiaru spełzły na niczym? Dlaczego nie zdołały natchnąć zaawansowanych form życia na innych planetach w fizycznym wszechświecie do tego, żeby z własnej nieprzymuszonej woli przyjęły, że ich prawdziwą istotą jest Boskość?*

Nie wszystkie ich wysiłki spełzły na niczym. Udało im się natchnąć wiele pojedynczych osobników. Lecz ich cywilizacja jako zbiorowość uparcie wybierała inną drogę. Niemniej, odnosząc się do twoich wątpliwości, czy możliwa jest porażka Boga, odpowiadam: wszystkie myślące istoty we wszechświecie w końcu z własnego wyboru uznają swoją Boskość.

Naprawdę?

Naprawdę. To pewne, że sami wybiorą Boskość. Pytanie tylko, czy postanowią to zrobić, zanim doprowadzą do upadku cywilizacji i spowodują takie zniszczenia na rodzimej planecie, że życie na niej ulegnie nieodwracalnej zmianie, czy dopiero *potem, z powodu* tej katastrofy.

Chodzi przecież o to, żeby życie *w jego dotychczasowej* postaci zakończyć i zastąpić je nowym, radośniejszym *wyrazem* życia, zrodzonym z nowego, odmienionego sposobu *bycia.*

Więc nie jest kwestią, czy *Wysoko Rozwinięte Istoty z Innego Wymiaru przebudzą myślące byty w fizycznym wszechświecie, lecz* kiedy *je przebudzą.*

Można to tak ująć.

Co to znaczy „tak ująć"?

To znaczy, że w ramach twojego obecnego pojmowania czasu właśnie tak może się wydawać.

Aha! Dopiero co o tym mówiliśmy. Czyli na jakimś poziomie to już się wydarzyło!

Jak tłumaczyłem, w rzeczywistości zdarzenia nie następują jedno po drugim. Wszystko dzieje się jednocześnie. W twoim doświadczeniu rzeczywistość wydaje się sekwencyjna, lecz tak naprawdę istnieje w całości symultanicznie. Można zatem powiedzieć, że życie jest „sekwultaniczne".

No dobrze, skoro „przyszłość" już się stała, to ty jako Bóg musisz wiedzieć o wszystkim, co się „wydarzyło". Więc po prostu zdradź nam wynik, wtedy przestaniemy się martwić, głowić, dręczyć...

Tego nie zrobię.

Dlaczego? Bo to wielka tajemnica *i nie wolno ci się wygadać?*

Nie dlatego. Choć każdy *wyobrażalny* wynik już zaistniał, to wy doświadczycie tego *jednego* wyniku, który sami wybierzecie, a ja nie uczynię niczego, co mogłoby wpłynąć na wasz wybór. Zawsze i we wszystkim zostawiam wam wolny wybór.

W tym przejawia się prawdziwa Boskość. Na tym polega najprawdziwsze doświadczenie Boskości. I takiego właśnie doświadczenia pragnę dla was.

Przyjmuję to do wiadomości. Zostawmy już ten temat. Czy możemy teraz skupić się na rzeczywistości sekwencyjnej, rzeczywistości, jakiej doświadczam?

Oczywiście.

Dobrze. Jak rozumiem, w obrębie tej rzeczywistości Wysoko Rozwinięte Istoty postanowiły pomóc Ziemianom się przebudzić i poznać swą prawdziwą istotę. Rozumiem też, że mamy wybór i możemy się przebudzić, zanim zaprzepaścimy cały nasz dorobek cywilizacyjny i wyniszczymy planetę do tego stopnia, że życie w znanej nam postaci przestanie istnieć.

Zakładam, że jeśli nie przebudzimy się teraz, w tej – w skali kosmicznej – wczesnej fazie naszego rozwoju, możemy podzielić los wielu innych starszych gatunków myślących istot we wszechświecie i w miarę postępu technicznego coraz bardziej rozwijać skłonność do przemocy.

Te ostatnie dziesięć słów to zwięzły opis obecnej sytuacji na waszej planecie.

Tak. Rzeczywiście, w miarę postępu technicznego rozwijamy skłonność do przemocy. To smutne.

Nasza coraz bardziej zaawansowana technika i broń masowego rażenia w zestawieniu z rosnącą agresją mogą doprowadzić nas do całkowitej samozagłady.

Niezupełnie. Nadświadoma Wola ludzkości do tego nie dopuści. Żaden gatunek nie ulega całkowitej, totalnej, doszczętnej samozagładzie. Jeśli nawet konieczne okaże się przeniesienie garstki ocalałych ludzi na inną nadającą się do zasiedlenia planetę we wszechświecie, twój gatunek nigdy nie zginie.

Przeżywaliście już bardzo poważne kryzysy. Ludzka cywilizacja w przeszłości omal nie doprowadziła do własnej zagłady.

Chodzi ci o Lemurię? I o Atlantydę?

Tak.

Czyli wiemy, czego się spodziewać. Może i nie doprowadzimy do całkowitego wyginięcia ludzkiej rasy, ale możemy sobie i naszej planecie ogromnie zaszkodzić, jeśli taki będzie nasz wybór.

Owszem. Choć obecnie większość z was tego nie wybiera. Niemniej wiele myślących istot powoduje sytuacje, które nijak się mają do tego, co wybierają.

Wiesz, dlaczego dzieci nie powinny się bawić zapałkami?

Wiem.

Jeśli małe dziecko, bawiąc się zapałkami, spowoduje pożar, w wyniku którego spłonie cały dom, to nie znaczy, że ono taki wynik wybrało. Pożar może być skutkiem jego działań, choć nie był jego wyborem. Dom spalił się, ponieważ straż pożarna przyjechała za późno.

Porównując całą ludzką cywilizację do płonącego domu, można powiedzieć, że straż pożarna już przybyła na miejsce.

O to chodzi w Trzecim Zaproszeniu. Jesteście ochotniczą strażą pożarną, ty oraz inni mieszkańcy Ziemi, którzy samookreślą się jako działacze na rzecz obudzenia ludzkości.

Skoro tak, to proponuję, żebyśmy teraz zajęli się tymi zagadnieniami w wymiarze indywidualnym. Ostrzegałeś mnie, żebym zafascynowany tajnikami całego procesu, nie tracił z oczu tego, co w tym wszystkim ważne jest dla mnie w wymiarze osobistym i co ma bezpośrednie odniesienie do mojego własnego dalszego rozwoju.

Pamiętam.

Wspomniałeś wtedy o pełnej integracji i czuję, że właśnie ten temat muszę z tobą omówić. Myślę, że również inni „ochotnicy" mogą być zainteresowani dokładniejszym wyjaśnieniem tej kwestii.

Pytaj śmiało. Ja się nigdzie nie wybieram.

30

Jak to wszystko ze sobą zintegrować?

Padło tu wiele mądrych słów o tym, jak pięknie ludzkość mogłaby żyć, gdyby wybrała przebudzenie. Pozostaje jednak pytanie, jak możemy tę mądrość zastosować na co dzień.

Zgłosiłem się do ochotniczej straży pożarnej, ale zanim w ogóle ośmielę się pomyśleć o naprawianiu świata, powinienem najpierw zmienić własne życie. Gandhi miał rację. Sam muszę stać się uosobieniem zmiany, którą chciałbym ujrzeć wokół siebie. Jak na razie nie jestem zadowolony ze swoich osiągnięć na tym polu. Przekonuję się, że wiedza to jedno, a praktyka to drugie, że informacja nie przekłada się na integrację.

Mocno ubolewam nad faktem, że nie potrafiłem w pełni przyswoić sobie wszystkiego, czego dowiedziałem się i co zrozumiałem dzięki naszym rozmowom. Nie umiałem sprawić, żeby te doniosłe prawdy nie tylko na stałe zagościły w moich myślach, ale też znajdowały zastosowanie w codziennym życiu.

Powiem ci, czego chcę uniknąć. Chcę uniknąć głoszenia koncepcji, których nie da się wcielić w życie i objawić na własnym przykładzie. Nie interesują mnie gruszki na wierzbie, niebieskie migdały, niewykonalne pomysły, nieosiągalne ewolucyjne cele.

Te cele nie są nieosiągalne, zapewniam cię. Nawet zwykli ludzie potrafili żyć w oparciu o zasady, które wcześniej nakreśliliśmy.

Może i tak. Cieszy mnie to, ale przyznam ci się, że dla mnie te zasady stanowią ogromne wyzwanie, wiem to z doświadczenia. Powtarzasz na przykład, że jestem Miłością, że wszyscy jesteśmy Miłością; Miłość to nasza prawdziwa istota. Zgadzam się i wydaje mi się, że potrafię okazywać miłość, chcę ją okazywać i naprawdę staram się to robić, ale nader często zdarza mi się powiedzieć, uczynić albo poczuć w sobie coś takiego, co po prostu nie ma nic wspólnego z miłością.

Albo nie okazuję jej mojej planecie, albo sobie, albo, co dla mnie najsmutniejsze, zachowuję się wobec innych w sposób, który jest absolutnie nie do pogodzenia z miłością.

Chcę to przezwyciężyć. Chcę się z tym uporać. Chcę pójść dalej. Jestem już po sześćdziesiątce i najwyższy czas, żebym zrobił prawdziwe postępy. Kiedyż, o mój Boże, och, kiedyż to wreszcie nastąpi?

Jesteś dla siebie bardzo surowy. Wielu twoich znajomych powiedziałoby, że masz w sobie dużo miłości. Podobnie zresztą jak wszyscy, którzy sięgnęli po zapis naszej obecnej rozmowy, albo natrafili na nasz dialog „przypadkiem".

To prawda w odniesieniu do każdego mieszkańca Ziemi. Wszyscy z was, moje cudowne dzieci, rozwijacie się i każdego dnia coraz bardziej objawiacie swą Prawdziwą Jaźń.

Jak obwieściłem ci już podczas naszej pierwszej rozmowy...

Jesteście dobrocią i miłosierdziem, współczuciem i zrozumieniem. Jesteście pokojem, radością i światłem. Przebaczeniem i cierpliwością, siłą i męstwem. Pomocną ręką w potrzebie, pocieszycielem w smutku, uzdrowicielem w boleści, nauczycielem w godzinie zamętu. Jesteście najgłębszą mądrością i najszczytniejszą prawdą; niebiańskim pokojem i doskonałą miłością. Tym właśnie jesteście. I wiedza o tym objawiała się wam w pewnych chwilach waszego życia. Teraz podejmijcie postanowienie, aby wiedza, iż jesteście tym wszystkim, towarzyszyła wam zawsze.

Staram się. Naprawdę się staram. Wszyscy się staramy. Ale wygląda na to, że na razie nie opracowałem skutecznej metody działania. Nie znalazłem sposobu, który pozwoliłby mi w zawirowaniach codziennego życia stale i niezmiennie być tym, kim chcę być; być tym, kim wiem, że jestem. Potrzebuję twojej rady. Mam wrażenie, że miotam się na próżno.

Przede wszystkim staraj się wprowadzić w czyn wszystko, o czym tu mówimy. Spraw, żeby nasza rozmowa przyniosła ci trwały pożytek. Wracaj do niej często. Zwracaj uwagę na listę zasad postępowania przebudzonej istoty. Skup się szczególnie na punktach 1, 2, 3, 4, 8, 12, 14, 15 i 16, i staraj się stosować je w swoim życiu.

Dziękuję. Na pewno tak zrobię. Czy jeszcze coś możesz mi podpowiedzieć? Podsunąć jakieś pomysły?

Tak. Po pierwsze traktuj *całe* swoje życie jako proces integracji, nie zawężaj go jedynie do wycinka całości. Dlatego nie spiesz się, nie próbuj osiągnąć w ciągu najbliższego roku czy miesiąca pełnej integracji wszystkiego, co do tej pory sobie przyswoiłeś.

Dla osoby, która jest z natury niecierpliwa, nie brzmi to zbyt zachęcająco.

Jaki pożytek z niecierpliwości, jeśli przeszkadza ci w docenieniu postępów, jakich dokonałeś, i tempa, w jakim to osiągnąłeś, jeśli nie pozwala ci czerpać ze swych osiągnięć inspiracji i nadziei na przyszłość?

Innymi słowy, bądź wyrozumiały dla samego siebie.

Innymi słowy, bądź wyrozumiały dla siebie samego. Popatrz na siebie, pomyśl, jaki byłeś dawniej, przed laty, i jaki byłeś jeszcze całkiem niedawno, a jaki jesteś teraz. Twój rozwój przypomina przebieg funkcji wykładniczej. To postęp geometryczny.

Ta prawda dotyczy również wszystkich, którzy śledzą naszą rozmowę. Nie przez przypadek są odbiorcami tych słów. Właśnie do takiego doświadczenia dążyli. I ty, i oni, wszyscy wkraczacie w Idealną Chwilę na Skok Ewolucyjny.

Teraz już łatwiej będzie wam posuwać się naprzód. Najtrudniejszy odcinek, najcięższą wspinaczkę macie już za sobą. Odtąd będziecie mieć już „z górki".

Dziękuję. Dziękuję w imieniu nas wszystkich. Ale czy mógłbyś podsunąć mi jakieś praktyczne rozwiązania, narzędzia, *za pomocą których mógłbym zintegrować wszystko, czego się dowiedziałem? Bardzo zależy mi na* spójności. *Nie chcę być tylko „mocny w gębie". Chcę potwierdzić słowa czynami.*

A uważasz, że twoje czyny rozmijają się ze słowami?

Raz na jakiś czas, kiedy przeżywam akurat „zwyżkę" formy duchowej, udaje mi się osiągnąć spójność. Ale chciałbym popierać słowa czynami każdego dnia. Marzę o tym, żeby utrzymać tę spójność przez cały czas.

Ależ przez cały czas próbujesz, nie widzisz tego? Gdyby było inaczej, nie zależałoby ci na tym, żeby twoje czyny nie rozmijały się ze słowami. Twoje wewnętrzne zmagania to element procesu. Ten proces trwa cały czas.

Cały świat przechodzi obecnie ewolucyjną przemianę, dotyka ona również ciebie. Jesteś częścią tego zjawiska. A mówiąc dokładniej, należysz do grona osób, które przyczyniają się do tej przemiany. Tak jak i wszyscy pozostali, którzy z własnego wyboru działają na rzecz przebudzenia ludzkości.

Dlatego miej dla siebie cierpliwość, nie próbuj przyspieszyć procesu. Wszyscy zmierzacie dokładnie tam, dokąd staracie się dotrzeć, jesteście coraz bliżej celu. A po drodze, łagodnie i z czułością, zabieracie ze sobą innych, którzy dostrzegają zachodzącą w was zmianę, a których wasza postawa inspiruje do pracy nad sobą.

Gdybyście wszyscy wystąpili *nagle* i *od razu* jako Doskonały Przykład Przebudzonej Istoty, inni mogliby was podziwiać, lecz nie ujrzeliby w was odbicia samych siebie. Rozumiesz więc, że zmagasz się ze sobą w ich imieniu? Że twoje zmagania przynoszą im korzyść?

Zatem nie wzdychaj, „Boże, kiedy wreszcie skończy się ta wewnętrzna walka". Niech twoje wysiłki staną się jeszcze bardziej widoczne dla innych, a gdy już odniesiesz zwycięstwo, swym własnym przykładem udowodnisz, jak bardzo mylą się ci, którzy nie wierzą w możliwość przemiany.

Każdego potrafisz podnieść na duchu.

Cóż, jeśli nie ja, to kto?

Dowcipny jesteś, wiesz?

Podobno.

Ale tak na poważnie, czy mógłbyś nam zdradzić jakieś skuteczne rozwiązania, jakieś sposoby, dzięki którym moglibyśmy przynajmniej podtrzymać proces naszej indywidualnej ewolucji?

Wiesz przecież, że nie ma jednej „właściwej drogi" wiodącej na szczyt góry.

Tak, wiem. Podkreślałeś to wiele razy. Ale na pewno możesz dać nam jakieś wskazówki, podsunąć sugestie warte przemyślenia.

Na to mogę się zgodzić. W takim razie oto pięć sugestii:

Przejrzystość, czyli „pokaż innym swoje zmagania".

O przejrzystości była mowa przed chwilą, zresztą wspominałem o niej wcześniej już wielokrotnie. Niech walka, jaką toczysz ze sobą, i postępy, jakich dokonujesz na drodze do pełnego przebudzenia, będą jawne i widoczne dla wszystkich, z którymi się stykasz. Dobrowolne dzielenie się zmaganiami wzmocni cię i wyzwoli. W zadziwiający sposób pobudzi w tobie wolę wyrażania Boskości, a u innych uwolni wewnętrzne pragnienie, żeby pójść w twoje ślady.

Zasadność, czyli „stwórz powód".

Niekiedy może ci się wydawać, że nie warto pokonywać trudności piętrzących się przed tobą na drodze, którą wybrałeś, chyba że nadasz swemu działaniu sens wykraczający poza proste przezwyciężenie przeszkody. Musisz sobie zadać pytanie: „po co?". I sam sobie na nie odpowiedzieć.

Powiadam ci: Twoja droga służy wyższemu celowi. Każda Dusza, która poznaje przez doświadczenie to, co zawsze wiedziała na poziomie świadomości, wyraża również Nadświadomą Wolę Zbiorowości, wspomagając własnym rozwojem ewolucję gatunku, albowiem posuwając się do przodu pozostawi za sobą punkty oparcia i odskocznie, dzięki którym idący jej śladem mogą przebyć drogę jeszcze szybciej.

Akceptacja, czyli „wyrażaj wdzięczność".

To być może najpotężniejszy środek do osiągnięcia celu. Wdzięczność to nie tylko odruchowa reakcja, to także świadomie wybrana energia. Kiedy ktoś postanawia okazywać wdzięczność za wszystko, co spotyka go w życiu (mam na myśli dosłownie *wszystko*), ustanawia odpowiednią sygnaturę energetyczną, ta sygnatura zaś wpływa na energię zarysowującego się zdarzenia. Może to w cudowny sposób przeobrazić samo zdarzenie, nie mówiąc o całym życiu doświadczającego.

Tworzenie, czyli „wybierz stan bycia".

Wybieraj zawczasu, jaki chcesz być, zanim jeszcze coś pomyślisz, powiesz czy zrobisz. W życiu o wiele ważniejsze od samej czynności jest to, *jaki jesteś*, kiedy tę czynność wykonujesz. To niesamowite, lecz wskutek samej tylko intencji „bycie" przestaje być reakcją i staje się kreacją.

Bycie nie jest pochodną doświadczenia – bycie to coś, co wnosisz do swojego doświadczenia.

I ostatnie narzędzie służące integracji:

Spontaniczność, czyli „zdaj się na Duszę".

Najczęściej to twój ośrodek logicznego myślenia decyduje o tym, jak przyjmujesz rozmaite wypadki przytrafiające ci się w życiu: chorobę, rozczarowanie, miłą niespodziankę czy cokolwiek innego. Twój umysł analizuje dane, jakie posiada na temat doświadczenia, które staje się twoim udziałem, i to przesądza o twojej na nie reakcji.

Możesz jednak rozwijać w sobie zdolność reagowania w oparciu o ośrodek mądrości kryjący się w Duszy. Dusza posiada niezmierzone zasoby danych i o tym samym doświadczeniu wie o wiele więcej, widzi je w znacznie szerszej perspektywie niż Umysł.

Dusza to miejsce, w którym *już* dokonała się integracja wszystkiego, co wiesz. Chodzi po prostu o to, żeby to uzewnętrznić, dać temu wyraz. Dlatego w chwilach, gdy otrzymujesz niespodziewaną wiadomość, nieważne, czy „złą" czy „dobrą", zanim cokolwiek zrobisz, wydaj polecenie Umysłowi, żeby się nie wtrącał. Zobaczysz wtedy, że zareagujesz *bez namysłu*, spontanicznie, objawiając mądrość i świadomość swojej Duszy.

31

To kapitalne! Na to właśnie czekałem! Wreszcie zdobyłem odpowiedni ekwipunek, żeby dokończyć wspinaczkę na szczyt! Super! A wiesz, że kiedyś sam wymyśliłem sobie własny odpowiednik ostatniego z tych „narzędzi"?

Naprawdę? Zupełnie sam?

Tak mi się wtedy wydawało.

I słusznie. Bo tak to ma wyglądać.
Mów dalej.

Hmmm... czyżbyś sugerował...

Mniejsza o to. Powiedz mi, cóż to takiego wymyśliłeś „zupełnie sam".

Nie wiem, może to intuicja, a może coś innego. W każdym razie wpadłem na pomysł, jak wprowadzić do mojego codziennego życia doświadczenie tego, o czym już wiem, że jest prawdą. Kilka lat temu wymyśliłem Magiczne Pytanie, jak je później nazwałem. Korzystam z niego, żeby szybko ocenić, czy to, co zrobiłem, właśnie robię lub zamierzam zrobić, jest spójne *z mym najgłębszym pragnieniem.*

Zanim usiądę przed telewizorem, żeby obejrzeć film, zanim wezmę udział w spotkaniu towarzyskim, zanim przygotuję sobie posiłek, zanim porozmawiam z ukochaną osobą, zanim zrobię cokolwiek, co uważam za istotne tu i teraz, zadaję sobie w duchu pytanie: Jak to się ma do priorytetów mojej Duszy?

To świetne pytanie. Może skłonić każdego do wejrzenia w głąb siebie.

Odpowiedź na nie prawie zawsze nasuwa się natychmiast, ponieważ wiem, że priorytetami mojej Duszy są wyrażanie i doświadczanie Boskości we mnie, przeze mnie i jako *mnie. To od razu ustanawia kontekst, w ramach którego mogę doświadczyć danej sytuacji, lub też nie dopuścić do jej zaistnienia.*

Nazwałem to pytanie Magicznym, ponieważ działa niemal jak magia, odsłaniając przede mną rzeczywiste znaczenie tego, co niesie teraźniejsza chwila. Takich wyników nie przynosiła wcześniej żadna inna wymyślona przeze mnie metoda.

Albo przez kogoś podpowiedziana.

Albo podpowiedziana.

Nie będę rozwijał tego wątku. Tak chyba będzie lepiej.

Dobra myśl. Kolejna dobra myśl, która przyszła ci do głowy.

Dowcipny jesteś. Podoba mi się to. Ale czy możesz mi wytłumaczyć jedną rzecz?

Jak – zanim *jeszcze w ogóle o czymś pomyślę – mogę zdecydować, jaki będę, myśląc? Chodzi mi o twoją czwartą su-*

gestię, żeby wybierać zawczasu Stan Bycia, również zanim się pomyśli. Czy to nie przerasta ludzkich możliwości? Mogę postanowić, jaki będę, zanim coś powiem. *To rozumiem. Mogę postanowić, jaki będę, zanim coś* zrobię. *To też jest całkiem zrozumiałe. Ale dopóki czegoś nie pomyślę, to nie wiem, co pomyślę.*

Czy to, co mówię, ma sens?

Ma sens, o ile uważasz, że przychodzą ci do głowy same nowe, oryginalne myśli. Przeważnie jednak twoje myśli się powtarzają. To dlatego, że wydarzenia w twoim życiu, przynajmniej te należące do tej samej kategorii, są do siebie bardzo podobne.

Kiedy następuje wydarzenie o określonym charakterze, myślisz o nim tak samo, jak myślałeś o poprzednim, pokrewnym wydarzeniu. Niewiele oryginalnych myśli przychodzi ci do głowy, ponieważ przytrafia ci się niewiele oryginalnych doświadczeń. Twoje życie na ogół składa się z powtórek.

Zdając sobie z tego sprawę, możesz zdecydować *zawczasu,* co pomyślisz następnym razem, gdy zdarzy się coś istotnego a jednocześnie dość przewidywalnego.

Każdy mistrz to wie i sam decyduje, jaki będzie w swym myśleniu, kiedy znów znajdzie się w sytuacji podobnej do jakiejś innej, przeżytej już w przeszłości; będzie spokojny, wyrozumiały, pełen miłości i akceptacji, skłonny do ugody i stroniący od zwady.

Rozumiem. Chyba zawsze intuicyjnie to rozumiałem. Może dlatego sam wymyśliłem jeszcze jeden sposób. Zaraz, zaraz. Czy ja kiedykolwiek jestem „sam"?

Nie.

Niech będzie, że zostałem zainspirowany. W każdym razie to chyba niezła metoda. Oto Cztery Fundamentalne Pytania Życia, jak je nazywam:

1. *Kim jestem?*
2. *Gdzie jestem?*
3. *Dlaczego jestem tu, gdzie jestem?*
4. *Co zamierzam w związku z tym zrobić?*

Przekonałem się, że kiedy zadaję sobie te pytania i odpowiadam na nie w zależności od sytuacji, w jakiej się właśnie znajduję, niemal natychmiast przechodzę w stan – nie podoba mi się to określenie, ale z braku lepszego mimo wszystko go użyję – „ześrodkowania". Czuję, że jestem ześrodkowany, skupiony w głębi swojej Jaźni. Małe życiowe dramaty i bagatelne dylematy przestają mnie pochłaniać.

Jesteś „w tym świecie, lecz nie z tego świata".

Dokładnie.

To świetne pomysły, to twoje Magiczne Pytanie i Cztery Fundamentalne Pytania Życia. Naprawdę mogą pomóc ci dokładniej przyjrzeć się temu, jak wykorzystujesz czas – i jaki jesteś, kiedy go wykorzystujesz.

A teraz poznałem kolejne metody! Jeśli ja i inni chętni zaczniemy stosować choćby jedną czy dwie z nich, wreszcie ruszymy do przodu.

Oczywiście, że tak. Swoją drogą, już ruszyliście do przodu, ale rozumiem, co miałeś na myśli.

Pragnę ci przypomnieć, że wszyscy już się przebudziliście. Musicie tylko zacząć żyć jak przebudzeni. A pomogą wam w tym sposoby, o których mówiliśmy.

Cały nasz obecny dialog może nam pomóc. Przypomniałeś nam mnóstwo pożytecznych rzeczy. Poznanie i przyjęcie przedstawionych tu idei może wyzwolić w nas ogromną wewnętrzną siłę. Idei takich jak: „Nie jesteś swoim ciałem", „To nie instynkt przetrwania jest waszym pierwotnym instynktem, lecz wyrażanie Boskości", „Ujrzyj w bliźnim siebie samego", „Życie jest wieczne, a skoro nie możesz stracić życia, nie masz nic do stracenia, gdy bez względu na okoliczności okazujesz współczucie, przejawiasz troskę, niesiesz pociechę", i wielu innych.

Zakładam, a właściwie dochodzę do wniosku, że gdybym po prostu właściwie wykorzystał środki, jakie mam do dyspozycji w obecnym życiu, gdybym potrafił przez dłuższy czas postępować jak przebudzona istota... poczułbym się wolny mimo przebywania w ciele. Obiecałeś, że wrócimy do tego tematu. Czy moje rozumowanie jest prawidłowe?

Tak. Wolność jest wtedy, kiedy chcesz to, co dostajesz, a nie wtedy, kiedy dostajesz to, co chcesz.

Już to wcześniej słyszałem.

Słyszałeś już wcześniej niemal wszystko, co zostało tu powiedziane. Kiedy zaczniesz stosować w życiu to, co już wiesz, przepełni cię radość i poczujesz się wolny. Pozwól, że powtórzę raz jeszcze: Najszybciej wdrożysz te nauki w życie, pomagając je wdrażać innym ludziom.

Krąg się zamyka. Widzę, jak cały proces zatacza koło. Dziękuję za wsparcie, jakie otrzymałem. Jestem wdzięczny za cierpliwe wysłuchanie moich pytań. Myślę, że takie poczucie jest nam bardzo potrzebne, zachęca do dalszych wysiłków.

Niemniej jest jeszcze jedna kwestia, chyba już ostatnia, która wciąż mnie nurtuje. Bezwzględnie muszę cię o to zapytać, ponieważ... przykro mi, ale muszę to z siebie wyrzucić. Nie daje mi to spokoju.

Co takiego nie daje ci spokoju?

Co z pojęciem nieba? Co z ideą powrotu do ciebie*?*

Wydaje się, że w obecnym dialogu „umieranie" zostało sprowadzone do procesu przechodzenia z jednego stanu istnienia do drugiego (z fizycznego do metafizycznego). Takie ujęcie jest pouczające i nawet na swój sposób fascynujące, ale co się stało z ideą powrotu do naszego domu, który jest w Bogu*?*

32

Odkąd ukazał się w druku zapis naszej rozmowy zatytułowany Home with God, *tęsknię za twoim uściskiem, pragnę, żebyś znów przygarnął mnie do serca. Tak się cieszyłem na myśl o powrocie po tak zwanej „śmierci" do mojego prawdziwego Domu, do Ciebie, do wszystkich drogich mi osób. A teraz okazuje się, że „śmierć" to powtarzający się etap* nieustannie *trwającego życia, w którym przechodzę z jednej formy istnienia do drugiej. I tak już będzie przez całą wieczność?*

Rozumiem, że może się to wydawać mało pociągające, ale nie smuć się, bowiem w opowieści o porzuceniu ciała i ponownym wcieleniu brakuje „środkowego rozdziału".

Czyżbyś pominął go celowo?

Nie, po prostu zostawiłem na później. Wiem, jaki jesteś niecierpliwy. Kiedy mówiliśmy o „umieraniu", przy okazji wdaliśmy się w rozważania na temat różnic między Wysoko Rozwiniętymi Istotami a ludźmi i zdolności WRI do „ufizyczniania" i „odfizyczniania" swej postaci wedle własnego upodobania. Chciałeś, żebyśmy omówili to zagadnienie gruntownie, no to omówiliśmy.

A skoro zostało już ono dokładnie wyjaśnione, możemy wrócić do tego, co dzieje się w chwili tak zwanej „śmierci".

Gdybyś o to nie zapytał, sam bym poruszył tę kwestię.

Więc żeby opowiedzieć mi o sprawach, które uważasz za ogromnie dla mnie ważne, czekasz, aż sam o nie zapytam? To ciekawe. A gdybym nie wpadł na odpowiednie pytanie?!

Tak naprawdę to ja podsuwam ci pytania, które masz zadać. Inspiruję cię od samego początku. A ty wsłuchujesz się w siebie i idziesz za głosem natchnienia. Zatem było mało prawdopodobne, że nie zadasz tego pytania.

Cieszę się więc, że zainspirowałeś mnie do zadania tego bardzo ważnego pytania, gdyż część osób śledzących nasz obecny dialog być może nie przeczytała poprzedniego, spisanego w książce Home with God. *A nawet ci, którzy przeczytali, mogą się zastanawiać – podobnie jak ja – czy w przedstawionej tu wizji jest miejsce na nasze cudowne, serdeczne „spotkanie" z tobą, nasz „powrót do domu".*

Zdaję sobie oczywiście sprawę z tego, że wspaniały opis naszego doświadczenia „pośmiertnego" wypełnił całą książkę, więc nie możemy go tu przytoczyć w całości. Dlatego do naszego obecnego dialogu zamierzam dołączyć apendyks. Umieszczę w nim tytuły wszystkich książek składających się na serię Rozmowy z Bogiem *oraz dokładny opis tematów w nich poruszanych.*

Świetny pomysł. Ciekawe, skąd ci przyszedł do głowy...

Jasne, jasne! Kapuję! Ktoś nad przebiegiem tej rozmowy nieustannie czuwa. Ale wróćmy do tematu. Mógłbyś nam pokrótce wyjaśnić, jak nasze doświadczenie, które można by nazwać „u Pana Boga w domu", ma się do nowych koncepcji, jakie tu przedstawiłeś.

Powiedziałeś, że ludzie, dokładnie tak samo jak Wysoko Rozwinięte Istoty z Innego Wymiaru, zmieniają zgodnie ze swoją wolą *sposób manifestowania swej istoty z fizykalnego na niefizykalny, i na odwrót. My nazywamy to „narodzinami" i „śmiercią". Ponadto okres oddzielający te dwa punkty przejściowe to dla nas* czas życia, *a opuszczenie cielesnej powłoki zazwyczaj nie następuje zgodnie z naszą wolą. W naszym doświadczeniu dzieje się to* wbrew *naszej woli.*

Wiem. Dlatego we wcześniejszym dialogu, który ukazał się pod tytułem *Home with God*, omówiliśmy tę kwestię tak dogłębnie. Gwoli przypomnienia: zarówno pora jak i sposób waszego odejścia z tego świata, to kwestia wyboru.

Wiem, że trudno wam to zaakceptować, lecz myśl, że umieracie w okolicznościach, które nie są skutkiem waszego wyboru, jest nie do pogodzenia z tym, Kim i Czym naprawdę jesteście.

Wszystkie przesłania zawarte w księgach składających się na cykl Rozmowy z Bogiem *opierają się na jednym założeniu: każdy z nas jest cząstką Boga, Upostaciowaniem Boskości, innymi słowy, Bogiem objawionym w człowieku.*

Bóg wyraża siebie nie tylko przez człowieka. Wszystkie myślące byty we wszechświecie to przejawy Jedynej Rzeczy, Która Jest.

Czyli Boga.

Czyli mnie.

Mimo to niektóre z tych istot, jak twierdzisz, posuwają się do przemocy.

Jest tak, ponieważ wszystkie myślące istoty są obdarzone wolną wolą, ale nie wszystkie, posługując się nią, przejawiają pokojowe nastawienie.

Lecz nie wszystkie myślące istoty żyjące na innych planetach w Dziedzinie Fizykalności stosują przemoc. Występują też cywilizacje usposobione pokojowo.

Jeśli twym największym pragnieniem jest dążenie do pokoju, pielęgnowanie łagodności i miłości we własnym życiu, a także zachęcanie do takiej postawy również innych osób ze swojego otoczenia, znajduje to oddźwięk u łagodnych istot myślących zamieszkujących kosmos.

Wyczuwają moją energię z tej ogromnej odległości?

Oczywiście. Energia płynąca z głębi twego jestestwa dociera do odległych obszarów wszechświata, niesie się w nieskończoność. Wasi naukowcy konstruują przyrządy umożliwiające odbiór sygnałów wysyłanych z kosmosu. Przedstawiciele zaawansowanych cywilizacji w fizycznym wszechświecie sami działają na podobieństwo takich „odbiorników". Gdy ustalą, skąd dociera do nich określona energia zwana przez was „pokojem", wpadają w rezonans ze źródłem, ponieważ jest ono zgodne z tym, jak doświadczają siebie. Następnie wzmacniają odebrany sygnał i odsyłają go z powrotem do „nadawcy", dając mu do zrozumienia, że popierają jego idee i wspierają go w dziele szerzenia pokoju.

Wśród moich przyjaciół są osoby, które mają pewność, że takie cywilizacje istnieją, i nazywają je „gwiezdną rodziną".

Całkiem trafne określenie. A wszyscy członkowie tej rodziny odczuwają radość, ponieważ również Wysoko

Rozwinięte Istoty z Innego Wymiaru udzielają wam wsparcia, często w bezpośredni sposób; odległość nie stanowi dla WRI przeszkody, jako że nauczyły się przezwyciężać sztuczne ograniczenia czasu i przestrzeni.

Wracając do tematu, kiedy ktoś w wymiarze fizycznym opuszcza ciało, po prostu przyjmuje nową tożsamość. Powiedziałem ci wcześniej, że śmierć to tylko zmiana tożsamości.

Inaczej mówiąc, w trakcie całego naszego pobytu na Ziemi pozostajemy w błędnym przekonaniu co do naszej tożsamości.

Dokładnie. Dopiero po „śmierci" otwierasz się na swoją prawdziwą istotę i powracasz do „domu", łącząc się ponownie z ukochanymi osobami, a następnie znów jednocząc się ze Wszystkim, co Jest.

Jednoczysz się *dosłownie,* stapiasz się ze mną i doświadczasz naszej Jed(y)ności. To nie sama wiedza czy świadomość lecz d*oświadczenie Jed(y)ności.*

Opisałem szczegółowo, jak to się odbywa, podczas wcześniejszej rozmowy, którą wydałeś jako książkę zatytułowaną *Home with God.*

Tak, ale jestem ci wdzięczny za przypomnienie.

Pamiętaj więc, że dopiero po zjednoczeniu się ze mną, po doświadczeniu naszej Jedności, po *wchłonięciu* przeze mnie, *wyłaniasz się* ponownie. Wtedy, można by rzec, „rodzisz się" na nowo jako indywidualna Dusza.

Ale dlaczego w ogóle cię opuszczam*? Po co wyodrębniam się z tej dopiero co odzyskanej doskonałej jedności z Bogiem,* *skoro przez cały czas za nią tęskniłem? Wyjaśnij mi to, proszę, jeszcze raz.*

Twoja Dusza w rzeczywistości tęskni za wyrażaniem twojej Boskości i nieustannie do tego dąży. Kiedy już doświadczysz w pełni siebie jako cząstki Boga i znów przypomnisz sobie, że jesteś członkiem Bożego ciała, ciągnie cię do tego, żeby to *wyrazić*.

Takie jest fundamentalne pragnienie Boga – objawić Boskość; nie tylko mieć świadomość Boskości, ale wyrazić Boskość.

Aby to osiągnąć, dzielę się i przybieram różne postaci. Przez te Upostaciowania Boskości mogę objawić i wyrazić całego siebie.

Cząstka Mnie, którą stanowisz, staje przed wyborem: powrócić do fizycznej egzystencji, którą właśnie porzuciłeś (wówczas wracasz do ciała, a twoje doświadczenie zostaje uznane za „przeżycie na granicy śmierci") albo pójść dalej, do Dziedziny Duchowości, by kiedyś znów, już w innym ciele, powrócić do Dziedziny Fizykalności.

Rzecz jasna, jeśli rozpatrywać to w obrębie iluzji sekwencyjności, wszystko to dzieje się w mgnieniu oka. W Najwyższej Rzeczywistości wszystkie wydarzenia rozgrywają się jednocześnie.

A niektóre inteligentne formy życia postanawiają przejść do „Innego Wymiaru"?

Tak. To trzecia dziedzina w Królestwie Niebieskim, Dziedzina Czystego Bytu, jak ją określiliśmy.

Czy ludzie też mają możliwość przeniesienia się do Dziedziny Czystego Bytu, kiedy już wyłonią się z Jedności?

Owszem. Możecie dalej doświadczać wiecznego życia w Dziedzinie Duchowości, w Dziedzinie Fizykalności albo w Dziedzinie Czystego Bytu.

W takim razie nie rozumiem, dlaczego nie wybrałem Innego Wymiaru. Dlaczego nie wybrałem Dziedziny Czystego Bytu? Z twoich słów wynika, że to cudowna forma istnienia. Po jakie licho wróciłem tutaj*?*

Ponieważ twoim pragnieniem jest doświadczyć dopełnienia się tego etapu podróży Duszy, który może odbyć się tylko w *twoim* wymiarze, w Dziedzinie Fizykalności.

I dlatego uznasz swój pobyt na Ziemi, tu i teraz, za błogosławieństwo.

I rzeczywiście, to *jest* błogosławieństwo. A gdy postanowisz, że twoja obecność tutaj ma dobrze służyć innym, stanie się dobrodziejstwem w dużo szerszym zakresie.

Już niedługo niektórzy z mieszkańców Ziemi z własnego wyboru i z wyraźną intencją staną się dobrodziejami dla innych. Na tym polega przebudzenie ludzkości. Do tego zachęca Trzecie Zaproszenie.

33

Przypomnienie naszej wcześniejszej rozmowy na temat doświadczenia pośmiertnego uświadamia mi dobitnie, że niesłychanie ważnym, wręcz kluczowym elementem procesu przebudzenia jest zrozumienie, że życie nie kończy się... nigdy, nigdy, nigdy. *Ponieważ kiedy to pojmiemy i zaakceptujemy, wszystko się zmieni.*

Książka Home with God *to niezwykły tekst, który może gruntownie zmienić spojrzenie odbiorcy na śmierć, może również przynieść pociechę osobom będącym u kresu życia oraz ich bliskim, więc mam nadzieję, że sięgną po niego rzesze czytelników.*

Mimo że wielokrotnie była tutaj mowa o tym, że życie trwa nieustannie, nie jestem pewny, czy udało nam się podkreślić prawdziwe znaczenie tego faktu. To nie jest metafizyczna ciekawostka. To fundamentalny wgląd, który pociąga za sobą doniosłe następstwa.

Tak. To, co ciebie otacza, nie jest niczym innym niż energią, która wyraża się na różne sposoby. Energią, której nie można ani stworzyć, ani unicestwić. Która zawsze była, jest teraz i zawsze będzie.

Tak zwane „życie" i tak zwana „śmierć", to w istocie zmiana postaci, w jakiej Podstawowa Podstawa przejawia się jako każde z was.

Przebieg życia – jego poszczególne czynności i funkcje – polega na wymianie energii. Wymiar, w którym wy żyjecie, czyli Dziedzina Fizykalności, różni się od Innego Wymiaru tym, że w waszym świecie wymiana energii może czasami przebiegać w sposób gwałtowny, z użyciem przemocy, natomiast w Innym Wymiarze nigdy tak się nie dzieje. *Nigdy.*

W ten sposób wracamy do kwestii tak często wspominanego przez ciebie „Innego Wymiaru" i „Wysoko Rozwiniętych Istot", które podobno nam pomagają.

Nie podobno. Naprawdę pomagają.

No dobrze, naprawdę pomagają. Ale w jaki sposób to się odbywa? Zakładając, że takie istoty faktycznie istnieją.

To nie założenie, to fakt.

Przyjmując, *że takie WRI istnieją, skąd one właściwie pochodzą? I co to jest ten „Inny Wymiar", o którym wciąż mówisz?*

To wszechświat całkowicie odmienny od waszego, zamieszkały przez całkowicie odmienną społeczność istot, żyjących w całkowicie odmienny sposób.

Postawmy sprawę jasno. Chodzi ci o alternatywną rzeczywistość, albo tak zwany „wszechświat równoległy"?

W twoim świecie czasami używa się takich określeń.

Czy ten wszechświat równoległy jest po prostu „lustrzanym odbiciem" naszego?

Nie. „Równoległy" nie znaczy „identyczny, tyle że odwrócony". To znaczy „biegnący obok".

Wszechświat równoległy, jak go nazywasz, przylega do wszechświata, który znasz, ale nie jest taki sam, nie jest nawet podobny. Stąd określenie Inny Wymiar.

Metafizyczny.

Jak już mówiliśmy, wymiar, w którym istoty przejawiają się w stanie metafizycznym lub fizycznym, w zależności...

... wiem, wiem... od tego, co najlepiej służy ich celowi, a ich celem, jak wcześniej stwierdziłeś, jest wspieranie wszystkich istot myślących w Dziedzinie Fizykalności na drodze do zrozumienia, objawiania i pełnego doświadczania tego, kim naprawdę są.

Ale powiedz mi, dlaczego WRI wybrały Ziemię, *gdzie społeczność myślących istot jest taka młoda i najwyraźniej nie potrafi zrozumieć przekazywanych jej nauk albo też nie chce przyswoić sobie i wdrożyć, mimo upływu* tysiącleci, *tej prostej recepty na wspaniałe życie?*

Czy nie lepiej byłoby pomagać w przebudzeniu jakiemuś innemu gatunkowi? Nie lepiej skierować uwagę na planetę, której mieszkańcy są bardziej rozwinięci i którzy być może są o krok od przyjęcia prawd potrzebnych do pełnego przebudzenia?

Twoja planeta nie jest jedynym miejscem we wszechświecie odwiedzanym przez Wysoko Rozwinięte Istoty z Innego Wymiaru.

To dobrze. Mam nadzieję, że na innych planetach – w przeciwieństwie do naszej – nie spotykają ich ciągłe niepowodzenia.

W doświadczeniu Wysoko Rozwiniętych Istot nie ma czegoś takiego jak „niepowodzenie". Samo podjęcie się zadania – wszelkie działania i czynności, jakie się z nim wiążą – zapewnia WRI poczucie spełnienia, jakiego pragnie.

Istota o tak wysoko rozwiniętej świadomości dąży przede wszystkim do najszczytniejszego wyrażania swej Jaźni. Określony skutek tego procesu nie jest konieczny do tego, aby doświadczenie wyrażania Jaźni uprawomocnić, uzasadnić lub celebrować.

To naprawdę zdrowy *punkt widzenia.*

A tobie nigdy nie zdarzyło się robić czegoś dla samej przyjemności, jaką ci to sprawiało? Czy do tego, żeby czerpać z danej czynności radość, potrzebny jest jakiś konkretny, oczekiwany wynik?

Nie, oczywiście, że nie. Ale tak ważnego przedsięwzięcia jak działanie na rzecz przebudzenia całego gatunku raczej nie postrzegałbym w kategoriach zajęcia, przy którym miło spędza się czas. Chodzi mi o to, że w tym przypadku wynik miałby dla mnie jakieś znaczenie.

W moim przekonaniu, to nie jest błaha kwestia. Chętnie przyjmuję twoje Trzecie Zaproszenie, ale zależy mi na tym, żeby na tym polu odnieść choćby minimalny sukces. To dla mnie naprawdę ważne.

Jeśli nastawisz się w tym przedsięwzięciu na osiągnięcie określonego wyniku, utrudnisz sobie zadanie już na samym starcie.

Będziesz uważał na każde swoje posunięcie, zastanawiał się nad każdym słowem, martwił, jakim cudem zdołasz osiągnąć to, co sobie założyłeś, w napięciu przygotowując plan awaryjny na wypadek, gdyby twój pierwotny zamysł nie przyniósł pożądanego skutku, zupełnie nieświadomy tego, jakim metafizycznym echem odbiją się w kosmosie wysyłane przez ciebie strumienie tej emanującej niepewnością energii.

Kurczę, nigdy nie myślałem o tym w ten sposób.

Wiem. I o to właśnie chodzi. Uczulam cię na tę sprawę, żeby pomóc ci zmienić sposób myślenia.

Jeśli chodzi o pełne przebudzenie, powiem ci, w jaki sposób należy przewartościować, zdefiniować na nowo pojęcie „sukcesu".

Słucham uważnie.

W odniesieniu do pełnego przebudzenia osiągnąć sukces znaczy uświadomić sobie, że już jest się przebudzonym, tylko że się o tym nie wiedziało albo nie przyjmowało się tego do wiadomości.

I w ten sposób wracamy do punktu wyjścia naszej obecnej rozmowy.

Owszem, ponieważ to przesłanie jest tak ważne, że mógłbym nim rozpoczynać i kończyć każdą naszą rozmowę.

Przebudzenie nie polega na tym, żeby siebie zmienić, lecz na tym, żeby zmienić swoje mniemanie o sobie. Chodzi o uświadomienie sobie, że – jak wcześniej powiedziałem – już w obecnej chwili i w obecnym stanie jest się doskonałą, skończoną całością.

Indywidualny rozwój dokonuje się przez *dodawanie*, a nie przez *ujmowanie* sobie.

Powodzenie w każdej dziedzinie życia nie zawiera się w tworzeniu tego, co twoim zdaniem musisz stworzyć w trakcie swej podróży. Powodzenie zawiera się w miłości, radości, szczęściu, poczuciu Prawdziwej Jaźni, jakich doświadczasz *po drodze* ty, a za twoją sprawą także inni. To wystarczy, żeby urzeczywistniła się cała reszta, którą jak uważasz, „powinieneś" stworzyć.

Mówisz, że ważna jest sama podróż, a nie cel, do którego się zmierza. To nic nowego. Stara śpiewka.

Cała nasza rozmowa to nic innego niż przypomnienie. Jedno wielkie przypomnienie.

Wszystko to już wcześniej słyszałeś, wiedziałeś, a nawet tego doświadczyłeś. Cel wszystkich naszych dialogów pozostaje niezmienny: przeobrazić ciebie w osobę, które wie, że już wie, lecz nie przyjęła tego do wiadomości.

To dlatego tak często odnosiłeś wrażenie, że treść przekazów, które ode mnie otrzymałeś, jest ci znajoma. Dotyczy to również Wysoko Rozwiniętych Istot. Wiedziałeś od dawna, od czasów dzieciństwa, że takie istoty istnieją. To dla ciebie żadna nowość.

Masz rację. Wiem o nich i zupełnie się ich nie obawiam. Wiem, że nie mają wobec nas złych zamiarów. Gdyby chciały nas skrzywdzić, mogły to uczynić w ciągu ostatniego tysiąclecia na tysiąc różnych sposobów.

Słusznie.

A więc utrzymujesz, że WRI nie dążą do określonego celu? Że w ich rozumieniu „sukces" nie oznacza osiągnięcia konkretnego wyniku?

Przynajmniej nie w tym sensie, który masz na myśli. Wysoko Rozwinięte Istoty są „nastawione na wyrażanie". Dążą wyłącznie do wyrażania i doświadczania swej prawdziwej istoty, a jednym ze sposobów na to jest niesienie pomocy, okazywanie miłości, służenie radą wszystkim myślącym bytom pnącym się na coraz wyższe szczeble w ewolucyjnym rozwoju.

Wy na Ziemi postępujecie tak samo.

Naprawdę?

Pomyśl tylko. Wszystko, co robicie, sprowadza się do pomagania sobie nawzajem. W ten sposób wyrażacie i doświadczacie, czym w istocie jesteście. Pomagacie sobie w rozwiązywaniu problemów, w poprawie warunków życia, w powrocie do zdrowia, w lepszym poznawaniu siebie nawzajem, w doświadczaniu radości, zawsze *w czymś* sobie pomagacie.

Nazywacie to na Ziemi „zajęciami" albo „pracą", lecz w istocie po prostu sobie pomagacie.

W obu przypadkach – działalności WRI i działalności ludzi – wynik jest taki sam: wymiana energii. Energia przybiera inną postać.

Jeśli chcemy poprawić jakość życia na Ziemi, musimy sobie uprzytomnić, w jaki sposób to się odbywa.

Otóż to. *W jaki sposób* i *dlaczego* to się odbywa. Gdy pojmiecie, dlaczego następuje wymiana energii, zrozumiecie też, że z tego procesu można całkowicie wykluczyć przemoc. Będziecie wiedzieli, jak sprawić, żeby wymiana energii przebiegała spokojnie i bezkonfliktowo.

Przeobrazicie się wtedy jako społeczeństwo i zaczniecie budować Niebo na Ziemi.

Dlaczego zachodzi wymiana energii? Co ją wywołuje?

Miłość. Energia rośnie tak, że osiąga stan zwany w waszym języku „miłością", cząstki energii przyciągają wówczas inne cząstki i mieszają się z nimi.

Już wcześniej zauważyłem, że tylko Jedna Decyzja dzieli nas od tego, żeby sprawić, by dzieje ludzkości należały do najbardziej udanych i radosnych przejawów życia w całym kosmosie.

Powiedziałem, że musimy postanowić prawdziwie, bez uprzedzeń i ograniczeń, zgłębić, a następnie całym sercem, radośnie i bez zastrzeżeń zaakceptować naszą Prawdziwą Istotę.

Teraz widzę, że pierwszym krokiem do tego, żeby wcielić tę decyzję w życie, jest przyjęcie i zastosowanie prostej zasady: Wyzbądź się przemocy i pamiętaj, żeby miłować.

Tak, a kluczem do tego, żeby to odpowiednio zadziałało, najszybszym i najpotężniejszym sposobem, żeby to osiągnąć, jest uwolnienie się wreszcie z więzienia, jakim jest wszelka myśl o podziale. Nie jesteś oddzielony ani od innych ludzi, ani od wszelkich innych form życia, ani od Boga.

Zatem wszystko sprowadza się do jednego:

Wyzbądź się przemocy i pamiętaj, żeby miłować, uwalniając się od myślenia w kategoriach podziału.

O to tak naprawdę w tym wszystkim chodzi.

O to tak naprawdę w tym wszystkim chodzi.

34

Czuję, że nasza rozmowa dobiega końca. Jestem ci wdzięczny za wspólnie spędzony czas. Zatrzymajmy się jeszcze jednak przez chwilę na wspomnianym miłowaniu. Powiedziałeś wcześniej, że jestem Miłością, że wszyscy jesteśmy Miłością. Każdy człowiek. Teraz mówisz, że mamy „pamiętać, żeby miłować". Ale skoro wszyscy ludzie już są Miłością, *to o czym właściwie mamy pamiętać?*

Jak kochać. Zachęcam was, żebyście pamiętali, jak kochać, nie zapominając ani na chwilę, że Miłość to wasza Prawdziwa Tożsamość.

Ale skoro jesteśmy Miłością, nie rozumiem, jak niektórzy z nas mogą postępować w sposób, który jest zaprzeczeniem miłości. Poruszaliśmy tę kwestię wcześniej i przyznałem ci się, że sam często zachowuję się w sposób niemający nic wspólnego z miłością. Ale są ludzie, którzy wobec swoich bliźnich dopuszczają się prawdziwych potworności, takich, jakie mnie nie przyśniłyby się nawet w najgorszych snach.

Oni sami nie uważają, że to, co robią, jest sprzeczne z miłością. W gruncie rzeczy, wszystko, co robią, *bierze się* z miłości.

Co takiego?

Zapamiętaj na zawsze: Każdy czyn to przejaw miłości. Dotyczy to każdego, bez wyjątku.

Mordercy też? Gwałciciela? Złodzieja? Fanatyka religijnego? Zapiekłego rasisty? Dyktatora? Oszusta finansowego? Pijawki emocjonalnej?

Przyjrzyj się ich działaniu wnikliwie. Nie zapominaj, że przebudzenie oznacza wnikanie w głąb.

Za każdą decyzją i każdym czynem każdej myślącej istoty kryje się miłość, zamiłowanie do czegoś lub kogoś.

Aby zrozumieć, dlaczego jakaś osoba albo cała grupa osób dopuściła się haniebnego postępku, wystarczy zadać im pytanie: Co jest dla was tak ważne, co darzycie *tak silną* miłością, że we własnym odczuciu musieliście się posunąć do tak podłego czynu?

Szkopuł tkwi nie w tym, że ludzie nie kochają, lecz w tym, że nie wiedzą, *jak* kochać.

To oczywiście w żaden sposób nie usprawiedliwia ich działań, ale w pewnym sensie je wyjaśnia.

Kiedy gatunek osiąga dojrzałość, wie, w jaki sposób wyraża się czysta miłość.

Co to znaczy „czysta"?

„Czysta", czyli okazywana bez określonego zamiaru i nieoczekująca dla Jaźni niczego w zamian.

Czysta Miłość jest bezinteresowna i nie szuka niczego dla siebie. Osadzona jest w świadomości Jaźni, która wie, że niczego nie potrzebuje i niczego nie wymaga, by być w pełni szczęśliwą.

Taki jest Przyrodzony StanBoskości, co tłumaczy, dlaczego Bóg niczego nikomu nie nakazuje, od nikogo niczego nie wymaga ani nie żąda... a już na pewno nie służalczego posłuszeństwa ani poniżającej, upodlającej, czołobitnej i bojaźliwej czci.

Więc kochasz czystą miłością wtedy, kiedy nic na tym nie zyskujesz, albo kiedy jest to dla ciebie wręcz niekorzystne.

To ostatnie w ogóle nie wchodzi w grę. Każdy czysty wyraz Miłości przynosi miłującemu korzyść; każdy, kto kocha czystą miłością, zyskuje najwyższe i najpełniejsze doświadczenie swej prawdziwej istoty, jakie w życiu jest możliwe.

Najszczytniejszym celem Życia jest najszczytniejsze doświadczenie Boskości poprzez najszczytniejsze wyrażanie Miłości, co jest zarazem najszczytniejszym określeniem Boga.

Pięknie to ująłeś, naprawdę pięknie. Ale czy człowiek może dostąpić takiego doświadczenia? Wygląda na to, że wracamy do poruszonej przeze mnie wcześniej sprawy integracji. Czy jest możliwe, żebym poczuł kiedykolwiek taką miłość?

Możliwe to mało powiedziane. Każdy z was zaznał już tego uczucia. Nie ma wśród was ani jednej osoby, która nie czuła czystej miłości.

Może zdarzyło się to wam, kiedy wzięliście na ręce dziecko. Może poczuliście taką miłość do jakiegoś miejsca albo do przedmiotu, nawet pozornie tak nieistotnego jak ulubiona poduszka. Może poczuliście taką miłość do jakiejś rośliny, drzewa lub na widok wschodzącego słońca albo gwieździstego nieba.

Nigdy nie przepełniła cię miłość na widok gwieździstego nieba?

Nazwałbym to raczej zdumieniem. Zdumieniem i nabożnym podziwem.

A to właśnie jest najwyższa forma miłości, ponieważ niczego w zamian nie pragnie, nie potrzebuje, nie domaga się i nie dostaje.

Każdy doznał tego rodzaju uczucia. Taką miłością darzę was ja. Każdego z was, bez wyjątku.

Kiedy kochasz coś za samo jego piękno, za radość i zachwyt, jakie w tobie budzi, za szczęście, jakie daje ci energia rozpalająca cię w środku i promieniująca na zewnątrz, wówczas kochasz czystą miłością.

Kiedy za okazywanie drugiej osobie miłości, spodziewasz się otrzymać coś w nagrodę, wówczas nie kochasz tej osoby tylko samego siebie, a ją traktujesz jako środek, dzięki któremu możesz osiągnąć konkretny zysk.

O rany. A co złego w tym, że się kocha siebie? Przecież wszelka miłość zaczyna się od miłości do samego siebie.

Zgoda. Ale miłość do siebie nie wymaga niczego, co istnieje na zewnątrz Jaźni. To jest miłość Jaźni do siebie samej, odczuwana dla piękna, jakie w sobie znajduje, dla radości i zachwytu, jakie budzi w niej bycie tym, czym naprawdę jest.

W ten sposób Bóg kocha siebie. Tak ja kocham siebie! I zachęcam cię, żebyś ty również tak siebie kochał.

Chciałbym, żeby to było możliwe, naprawdę. Chciałbym móc całkowicie i ciągle tak siebie kochać. Ale to trudne, ze względu na wszystkie moje wady, ułomności, braki.

Masz ci los. Powtarzam ci po raz kolejny to, co usłyszałeś ode mnie już wiele razy: jesteś doskonały.

Jesteś doskonały taki, jaki jesteś.

Jak ty widzisz samo piękno i doskonałość w noworodku, w niemowlęciu albo w rocznym dziecku, tak ja widzę w tobie samą doskonałość.

Widziałbym ją w tobie nawet wtedy, gdybyś liczył sobie *sto* – co tam sto – *tysiąc* lat. Bo w życiu wszechświata to zaledwie mgnienie.

Rozwijasz, pogłębiasz i dopełniasz swe doświadczenie Prawdziwej Jaźni przez wyrażanie siebie w Dziedzinie Fizykalności na tej wspaniałej planecie zwanej przez was Ziemią.

Kiedy wrócisz do Domu, znów się połączymy, tworząc Doskonały Związek, a nawet kiedy znów się oddzielisz, nie opuszczę cię nawet na chwilę. Tak jak ci obiecałem, będę ci towarzyszył zawsze w twej wędrówce przez wszystkie kolejne wcielenia.

Kocham cię niezmiennie, tak, jak zawsze cię kochałem, uczuciem czystym, które o nic nie prosi, niczego nie potrzebuje i nie żąda w zamian – albowiem Ty i Ja stanowimy Odwieczną Jedność, a doświadczenie jest jedynym naszym pragnieniem.

Czuję się pokrzepiony na duchu i głęboko wzruszony. Chcę teraz wszystkie te mądrości wcielić w życie.

35

Chcę to wszystko wprowadzić do swojego życia. Chcę, żeby sprawdziło się w moim doświadczeniu.

Nasz obecny dialog przyniósł wiele wspaniałych spostrzeżeń, pojawiających się w odpowiednich momentach przypomnień oraz porad i wskazówek, których zastosowanie może mi przynieść niewymierne korzyści. A lista z szesnastoma punktami, wyjaśniającymi różnice między ludźmi a przebudzonymi istotami, będzie mnie prowadzić w mej podróży przez życie niczym znaki drogowe albo nawigacja samochodowa. Muszę jeszcze nabrać absolutnej pewności, że przebudzenie i skok ewolucyjny ludzkości to nie mrzonka, idea co prawda ładnie brzmiąca, lecz dla przeciętnego człowieka całkowicie nieosiągalna.

Nie chcę, żeby po skończeniu tej rozmowy, w moim życiu znów wszystko toczyło się „utartym torem".

Odwołując się do własnego doświadczenia, obawiam się jednak, że mogę ulec pewnemu zniechęceniu. Możliwości *zwykle mnie uskrzydlają, ale* realia *podcinają mi skrzydła. Słyszysz, co mówię?*

Oczywiście, że słyszę. Jeśli jak mówisz, odwołujesz się do własnego doświadczenia, to skąd u ciebie to zniechęcenie? Dlaczego opadają ci skrzydła, przecież twoje własne doświadczenie powinno raczej dodać ci skrzydeł?

Nie rozumiem. Jestem zwykłym człowiekiem, a nie Buddą, Chrystusem, Lao Tse, Maryją, Konfucjuszem, Katarzyną z Genui ani – żeby użyć współczesnych przykładów – Paramahansą Yoganandą czy Matką Meerą.

Wiem, że w gruncie rzeczy nie różnimy się od siebie; jestem ulepiony z tej samej gliny co te wspaniałe postaci, ale nie objawiam w życiu cech, które by o tym świadczyły.

Przeciwnie, ale tym zajmiemy się za chwilę. Teraz chcę cię zapewnić, że doskonale się składa, iż w twym obecnym doświadczeniu nie objawiasz tych cech. Mam nadzieję, że dobrze mnie rozumiesz.

Trudno mi się pogodzić z taką miłą i najwyraźniej słuszną oceną mojej osoby. Czasami wydaje mi się, że zwyczajnie usprawiedliwiam się przed samym sobą ze słabych postępów w okazywaniu swego przebudzenia w codziennym życiu, wmawiając sobie, że tak jest „doskonale". Mam poczucie, że rozgrzeszam się z popełnionych w przeszłości błędów i wybaczam sobie obecne potknięcia.

Po pierwsze nie musisz sobie niczego wybaczać – tak jak nie „wybacza" się dziesięciolatkowi tego, że jeszcze nie opanował tabliczki mnożenia, ani czterolatkowi tego, że rozlał mleko podczas swojego przyjęcia urodzinowego. Nie trzeba „wybaczać", kiedy rozumie się świetnie, dlaczego coś takiego mogło się zdarzyć. W umyśle mistrza wybaczenie zostaje zastąpione zrozumieniem.

Wiem, wiem. Podkreślałeś to wiele razy. Kryje się za tym rozumowaniem czysta i wielkoduszna logika. Ale ta idea przypomina mi coś w rodzaju cudownego „wentyla bez-

pieczeństwa". Myśl, że „wszystko jest dobrze", odbiera mi motywację do dalszego działania, przez nią czuję, że nie potrzebuję nad sobą pracować.

Jasne, że nie „potrzebujesz". To nie ma nic wspólnego z potrzebą. To nie rozgrywka, w której liczą się zdobyte punkty. Nikt cię nie osądza ani nie karze. Potrzeba nie ma tu nic do rzeczy. Chodzi o pragnienie.

Cóż, przyznaję, że pragnienie mam szczere. Naprawdę dążę do tego, żeby ogłaszać i obwieszczać, wyrażać i wypełniać kolejną najwspanialszą wersję najszczytniejszej wizji Jaźni, stawać się nią i doświadczać jej, do czego konsekwentnie zachęcasz każdego z nas. Ale chyba nie potrafię dostrzec „doskonałości" w tym, że samo zrozumienie, *po co tutaj jestem, zabrało mi ponad siedemdziesiąt lat.*

Spróbuj spojrzeć na to z drugiej strony: gdybyś już przed laty osiągnął poziom mistrzostwa godny, dajmy na to, Lao Tse, czy twoim zdaniem doszłoby do tego, że zadawałbyś pytania, które wraz z odpowiedziami zapełniły ponad trzy tysiące stron dziewięciu książek?

Prawdopodobnie nie.

Prawdopodobnie nie?

Na pewno nie.

Należysz do najbardziej dociekliwych, stawiających najwięcej pytań umysłów twojego pokolenia. I co, twoim zdaniem opłaciło się? Zyskałeś coś dzięki tym swoim pytaniom i otrzymanym na nie odpowiedziom?

Tak. Co do tego nie mam żadnych wątpliwości.

A czy inni też coś zyskali dzięki tym pytaniom i odpowiedziom?

Być może. Jeśli wierzyć na słowo pewnej grupie ludzi, to odpowiedź brzmi „tak". Ale nie chcę się tym chwalić. Przyjmuję te informacje z pokorą, którą chciałbym zachować w sobie jak najdłużej.

To, co będziesz odczuwał, jest kwestią twojego wyboru, wynikającego z twojego samookreślenia, a także z tego, jaki cel postanowisz nadać swemu pobytowi tutaj, jak będziesz chciał okazywać to, kim jesteś, i po co tu jesteś.

A zatem, czy możesz przyjąć, że nawet w twoim poczuciu, iż daleko ci do mistrzostwa Lao Tse, tkwi doskonałość?

Niech ci będzie. Ale ja chcę czegoś więcej. Moje oczekiwania można by nazwać „wzrostem" pragnienia. Chcę wiedzieć, jakby to było, gdybyśmy wreszcie zdali sobie sprawę, *że już się przebudziliśmy, i jakby wyglądało nasze życie, gdybyśmy* zaczęli postępować *jak na przebudzonych przystało.*

Właściwie już w trakcie naszych poprzednich rozmów odpowiedziałem ci na to pytanie.

A mógłbyś powtórzyć odpowiedź, żebyśmy nie musieli szperać we wcześniejszych zapisach?

Mógłbym. Gdybyś postanowił postępować jak osoba świadoma tego, że się przebudziła, wiele rzeczy robiłbyś inaczej.

Nie licząc zmiany zachowań z szesnastopunktowej listy cech odróżniających nas od istot przebudzonych?

Tak, nie licząc zmiany tych zachowań.

Po pierwsze nie hodowałbyś w sobie negatywnych myśli. Gdyby przyszła ci do głowy negatywna myśl, natychmiast byś ją odpędził. Celowo pomyślałbyś o czymś innym. Po prostu byś się *rozmyślił*.

Kochałbyś siebie bez zastrzeżeń takim, jakim jesteś. I bez zastrzeżeń kochałbyś innych ludzi takimi, jakimi są. Następnie kochałbyś bez zastrzeżeń życie, takie, jakim jest. Nie czułbyś potrzeby zmieniania czegokolwiek, postrzegałbyś wszystko jako materiał do stworzenia pola kontekstowego, które daje ci sposobność objawienia twej prawdziwej istoty.

Nie musiałbyś nikomu niczego wybaczać, albowiem wiedziałbyś, że przebaczenie nie idzie w parze z przebudzeniem. Pojąłbyś, że potrzeba wybaczania oznacza przyznanie, iż stała ci się krzywda, a jako istota przebudzona wiedziałbyś, że w doświadczeniu Boskości, która stanowi twoją Prawdziwą Tożsamość, nie ma miejsca na krzywdę. W relacjach z innymi zastąpiłbyś więc przebaczenie zrozumieniem, a to z kolei zrodziłoby w tobie współczucie, ponieważ w całej jaskrawości uzmysłowiłbyś sobie przeraźliwy ból, gniew i smutek, który popycha ludzi do określonego czynu i skłania ich do sprzeniewierzenia się swej prawdziwej naturze.

Ponadto, jako osoba przebudzona, ani przez chwilę nie opłakiwałbyś niczyjej śmierci. Mógłbyś cierpieć z powodu doznanej straty, lecz nie z powodu odejścia ukochanej osoby z tego świata. Z radością wspominałbyś przeżyte z nią chwile miłości i radości i świętowałbyś jej przejście do następnego etapu ewolucji, swobodnego i cudownego wyrażania swej istoty w innym, metafizycznym stanie. Podobnie nie budziłaby w tobie przerażenia ani rozpaczy myśl o własnej śmierci.

Wreszcie, byłbyś świadomy tego, że rzeczywistość to wibrująca energia. Wszystko, co jest, to wibrująca energia. Dlatego zwracałbyś dużo większą uwagę na energetyczną wibrację wszystkiego, co jesz i w co się ubierasz, wszystkiego, co oglądasz, czytasz i słuchasz, wszystkiego, co myślisz, mówisz i robisz. Poza tym, gdybyś zauważył, że twoje własne wibracje i wibracje tworzonego przez ciebie otoczenia nie współgrają z twym najwyższym wyobrażeniem własnej Jaźni i z doświadczeniem, jakie postanawiasz objawić, natychmiast odpowiednio byś je dostroił.

To wielkie, ogromne wyzwanie. Widzisz? Znów się zniechęcam, jak zawsze, gdy wydaje mi się, że stojące przede mną zadanie mnie przerasta. Doświadczenie mówi mi, że trudno będzie te cele osiągnąć. To zachowania godne prawdziwych mistrzów, a podążanie ich śladem do łatwych nie należy.

Prawdę mówiąc, z twojego doświadczenia wynika zupełnie coś innego.

Co takiego? Nie mam pojęcia, o czym mówisz.

Tego wszystkiego *już* doświadczyłeś.

Przeżyłeś chwile, w których odpędziłeś negatywną myśl i zastąpiłeś ją inną.

Przeżyłeś chwile, w których kochałeś siebie, innych ludzi i samo życie bez zastrzeżeń i nie czułeś potrzeby zmieniania czegokolwiek, nawet jeśli nie wszystko ci odpowiadało.

Przeżyłeś chwile, w których wiedziałeś, że tak naprawdę nie potrzebujesz wybaczać doznanej przykrości, bo choć nie godziłeś się na sam postępek i nie pochwalałeś go, to rozumiałeś, dlaczego twój winowajca postąpił wobec ciebie tak, a nie inaczej.

Przeżyłeś chwile, w których po śmierci drugiej osoby twoja żałoba ustąpiła miejsca świętowaniu jej przejścia w inny wymiar, i chwile, w których nie czułeś lęku przed własną śmiercią.

I na koniec, wiele razy odczuwałeś wibrację chwili, kiedy zaproponowano ci coś nowego, jakieś danie do spróbowania, ubranie do przymierzenia, zajęcie do wykonania, a ty w odpowiedzi na tę wibrację, zmieniałeś częstotliwość swej własnej energii i podejmowałeś nową decyzję w związku z tym, co ci proponowano.

Wszyscy przeżyliście już takie chwile. Doświadczanie ich nie wymaga umiejętności wykraczających poza wasze możliwości. Nie musicie zgłębiać arkanów jakiejś tajemnej wiedzy, niemieszczącej się w waszym pojmowaniu. I nie jest do tego konieczne wzniesienie się ponad poziom mistrzostwa właściwy każdej istocie myślącej.

Musicie tylko postanowić postępować w ten sposób częściej.

Kurczę. Nie sądziłem, że to takie proste.

A to takie proste.

Myślisz, że naprawdę będę do tego zdolny? Czy komukolwiek z nas może się to udać? Wiem, że jestem nachalny, ale...

… oczywiście, że tak. Po prostu spójrz na zachowanie, które ci nie służy, i zastąp je postawą godną przebudzonego, którą teraz wybierasz. Dla przykładu, zerwałeś kiedyś ze „szkodliwym nałogiem"?

Owszem, zerwałem. Sporo osób odnosi na tym polu sukcesy.

No właśnie. A co cię skłoniło do tego, żeby zmienić nawyk?

Po prostu chciałem to zrobić. Postanowiłem, że tego właśnie chcę.

A co spowodowało taką decyzję?

Teraz wydaje mi się, że to wynikało z pragnienia. Po prostu zapragnąłem skończyć z jakimś zachowaniem czy doznaniem. Moim największym nałogiem było palenie papierosów. Paliłem przez ponad dwadzieścia lat, półtorej paczki dziennie. Pewnego dnia postanowiłem przestać. I od razu, ot tak, odstawiłem papierosy na dobre. Jednego dnia paliłem, drugiego już nie. To było ponad trzydzieści lat temu. Zerwałem też z innymi nawykami, które uznałem za szkodliwe.

Tym samym udowodniłeś, że w jednej chwili potrafisz zmienić wieloletnie przyzwyczajenia.

Tak.

W takim razie od przeobrażenia się – z osoby przebudzonej, lecz niezdającej sobie z tego sprawy lub niezachowującej się tak, jak przystało na istotę przebudzoną, w osobę w pełni świadomą swego przebudzenia i wybierającą godne swego stanu postępowanie – dzieli cię tylko jeden krok, jedna decyzja, jak sam wcześniej zauważyłeś.

Ten krok możesz uczynić z łatwością, ponieważ w przeciwieństwie do zrywania z nałogiem, nie chodzi tu o wprowadzenie do swego życia zupełnie nowego zachowania. Chodzi o to, żebyś robił to, co już kiedyś robiłeś, lecz żebyś *teraz robił to częściej.*

Wiesz co? Nigdy nie myślałem o tym w ten sposób. Nie przyszło mi do głowy, że wszystkie te postawy okazywałem już wcześniej. Sądziłem, że muszę do nich dążyć, *a tymczasem mam je* powtarzać. *Myślałem, że to umiejętności, które muszę* nabyć, *a tymczasem to zachowania, które mam* powielać.

Widzę teraz coś, co wcześniej mi umykało. Widzę, że mogę dotrzeć do celu łatwiej, niż sądziłem, ponieważ już wcześniej tam byłem. *Znam* drogę, *która do niego prowadzi. Z podniecenia przechodzą mnie dreszcze. To odkrycie mnie uskrzydliło, podniosło na duchu!*

Nie muszę zmieniać się od podstaw, *muszę tylko w kolejnych chwilach życia na nowo siebie* potwierdzać, *na nowo* objawiać się *światu takim, jakim zdarzyło mi się być już wcześniej.*

To przebudzenie w wielkim stylu. Teraz uświadamiasz sobie, że już się przebudziłeś.

Niewiele można już dodać, prawda?

Rzeczywiście, niewiele.

Czyli to już wszystko?

Wszystko.

Dziękuję ci, Boże. Dziękuję ci, mój drogi, najdroższy przyjacielu. Na zawsze zachowam to doświadczenie w pamięci, będę ci wdzięczny do końca moich dni.

Który nigdy nie nastąpi.

Który nigdy nie nastąpi. Amen.

Epilog

Moi kochani, drodzy towarzysze podróży...

Nie jest łatwo, prawda?

Myślę o tym, że nie jest łatwo iść przez życie.

To na ogół mozolna wędrówka. Po drodze natykamy się na tragedie i cierpienie. Owszem, czasem doznajemy też szczęścia. I na pewno radości. Ale nie da się zaprzeczyć, że chwile, kiedy ciężko nam na duchu, kiedy serce się w nas kraje, zbierają w końcu ponure żniwo. Nawet najzagorzalszy optymista czasem czuje na sobie wielkie brzemię, kiedy wstaje rano, by stawić czoło czekającym go trudom, albo kładzie się wieczorem do łóżka przytłoczony doświadczeniami minionego dnia, rozpamiętując to, co się wydarzyło.

Przez pięćdziesiąt lat powtarzałem sobie: „Życie musi mieć jakiś powód. Nasze istnienie musi mieć jakiś cel. Wszystko to musi być częścią szerszego Procesu, w którym bierzemy udział. Życie to coś więcej niż tylko ciąg przypadkowych zdarzeń, któremu podlegamy i który urywa się w najmniej oczekiwanym przez nas momencie, w najmniej oczekiwany sposób".

Moje rozmowy z Bogiem, które rozpoczęły się, kiedy zbliżałem się do pięćdziesiątki (dwadzieścia cztery lata temu) przekonały mnie, że tak właśnie jest. A ten najnowszy dialog – zupełnie nieoczekiwany i pełen niespodzianek – tylko to potwierdził.

Ale zanim się rozstaniemy, muszę ci powiedzieć coś bardzo ważnego: mogę się mylić.

Taka możliwość nie daje mi spokoju. Nieustannie o tym myślę. Nie sądziłeś chyba, że jest inaczej?

W trakcie wywiadów, których zdarza mi się udzielać, zawsze pada pytanie o to, czy nie nachodzą mnie wątpliwości związane z doświadczaniem przeze mnie rozmów z Bogiem i z wynikającymi z nich przesłaniami dla ludzkości.

Wszystkim rozmówcom udzielam jednej odpowiedzi:

„W chwili, w której przestanę wątpić, stanę się niebezpieczny. A nie jest moim zamiarem stwarzanie zagrożenia".

Dlatego zachęcam cię, żebyś również wątpił, choć pewnie do tego nie trzeba cię wcale zachęcać. Chcę, żebyś uzmysłowił sobie jasno, że wśród najważniejszych przesłań płynących ze wszystkich *Rozmów z Bogiem* jest również to, żebyś w nie nie wierzył.

Już w pierwszej księdze z ust Boga padają słowa:

„Nie wierz w to, co mówię. *Żyj* tym. D*oświadcz*. I wiedź dalsze życie w oparciu o dowolny paradygmat, jaki sobie wypracujesz. W *doświadczeniu* szukaj potwierdzenia swojej prawdy".

W sprawach dotyczących Duszy i Jaźni winniśmy być autorytetami sami dla siebie. Nikt nie jest w stanie rozstrzygnąć, co jest dla nas prawdą, a co nie, i nikt nie powinien nawet tego próbować.

Jeśli chodzi o mnie, kiedy stopniowo zapoznawałem się z opisanymi później w *Rozmowach z Bogiem* radami i wskazówkami, jak żyć, uświadomiłem sobie, że dla mnie to najprawdziwsza prawda, i nie mogłem się oprzeć myśli: „Żałuję, że nie dowiedziałem się tego wszystkiego pięćdziesiąt lat temu. Nie wyobrażam sobie lepszego sposobu życia".

Zdaję sobie jednak sprawę, że nie wszyscy się ze mną zgodzą. Przedstawione tu idee nie u wszystkich znajdą uznanie. Niektórym będą się wydawać dziwaczne i niesamowite. Inni ocenią je jeszcze gorzej, uznają je za herezję i bluźnierstwo. Lecz podkreślam, że ja ich poglądy szczerze szanuję – szanuję wszelkie poglądy, pod warunkiem, że płyną z prawdziwego przekonania i nikomu nie narzuca się ich siłą.

Poruszamy tu ważkie zagadnienia, więc warto zachować ostrożność. Wszystko sprowadza się do naszej osobistej relacji z Boskością, a nawet do kwestii, czy „Bóg" w ogóle istnieje. A to nie błahostka.

Zrozumienie tych spraw jest istotne, ponieważ ludzie potrzebują i poszukują w swoim życiu *sensu*, i prędzej czy później zaczynają głęboko za nim tęsknić. Jeśli nie odkryjemy tego sensu, jeśli nie zrozumiemy nadrzędnego *celu*, któremu to wszystko służy, nasze życie przypomina znój, mozolne posuwanie się naprzód z ciężkim sercem i zafrasowanym czołem.

Idziemy wówczas przez życie, próbując jak najlepiej wykorzystać to, co jest nam dane, lecz co w gruncie rzeczy pozostaje dla nas nieprzeniknioną tajemnicą. Brniemy przed siebie, podejmując coraz bardziej bezsensowne, bezużyteczne, bezcelowe działania, które niczego nie tłumaczą i niewiele przynoszą, wypełniają nam jedynie czas wędrówki ku niewiadomemu przeznaczeniu, a przewidywany ostateczny kres, nazywany przez nas śmiercią, wzmacnia gorzkie poczucie absurdalnej marności wszystkich naszych zmagań.

I wciąż za czymś tęsknimy, wciąż czegoś poszukujemy.

Często o tym rozmyślam i kreślę te słowa z przekonaniem, że jeśli przyjmiemy istnienie jakiejś Wyższej Siły, to możemy być pewni, że wcześniej czy później uzyskamy odpowiedzi na nurtujące nas pytania.

Szukajcie, a znajdziecie, powiedział Bóg. *Pukajcie, a będzie wam otworzone.* Kontakt z Boskością uświadomi nam, że *jest* w tym wszystkim wyższy zamysł. Natkniemy się, niby przypadkiem, na informacje, które nagle odsłonią przed nami głębszy sens wszystkiego, co jest, i wszystkiego, co się dzieje. Elementem tego zjawiska, rozgrywającego się właśnie teraz, może być książka, którą czytasz.

Nie wierzę, że nasze obcowanie z Boskością kiedykolwiek miało polegać na jednostronnym przekazie. Wierzę, że z założenia miało być dla nas źródłem pocieszenia, miało zaowocować celem godnym naszego poświęcenia, wysiłku i czasu.

Dlatego też zachęcam cię do rozmowy z Bogiem. Zwracaj się do Boga każdego dnia, w taki sposób, jaki wydaje ci się najbardziej naturalny, jaki najbardziej ci odpowiada. Nazywaj to modlitwą, nazywaj to medytacją, nazywaj to inspiracją, mniejsza o nazwę. A jeśli mój dialog z Bogiem pomoże ci nawiązać swój własny kontakt z Boskością, to będzie oznaczało, że upowszechnienie go w formie książki osiągnęło swój cel.

Jeśli tematyka *Rozmów z Bogiem* jest ci bliska, w tej ostatniej, czwartej księdze znajdziesz wszystko, czego potrzeba, żeby wprowadzić przesłania RzB w życie. Zaakceptuj i zastosuj zasady ujęte w szesnastu punktach opisujących różnice między ludźmi a istotami przebudzonymi. Regularnie korzystaj z siedmiu metod przedstawionych w rozdziale poświęconym integracji. Powtarzaj zachowania godne istoty przebudzonej, które okazywałeś już wcześniej. I nie zdziw się, kiedy twoje życie nagle się odmieni.

Pozwól, że podzielę się teraz z tobą kilkoma refleksjami, które nasunęły mi się kilka tygodni po ukończeniu książki i które dołączyłem do niej później.

1 listopada 2016 przeszedłem niespodziewaną operację na otwartym sercu: wszczepiono mi pięć bypassów. Wcześniej nie miałem pojęcia, że jest ze mną aż tak źle. Dopiero angiografia wykonana kilka dni przed zabiegiem potwierdziła

moje podejrzenia, że moja stara pikawka zaczyna szwankować. Kiepsko się czułem i pomyślałem, że warto się zbadać. Ta decyzja uratowała mi życie. Okazało się, że miałem zatkanych pięć tętnic serca – jedną aż w dziewięćdziesięciu ośmiu procentach.

Czynię te osobiste wyznania nie bez powodu. Nie szukam współczucia, chcę tylko zwrócić ci uwagę na ważną rzecz.

Wszyscy jedziemy na tym samym wózku. Nasze ziemskie życie nie będzie trwało wiecznie. Nie w swej obecnej formie. My będziemy istnieć zawsze, lecz życie, w tej konkretnej postaci, kiedyś się skończy.

Dotarło to do mnie w nader drastycznych okolicznościach. Nic tak dobitnie nie uświadomi ci, że nie jesteś ciałem, jak operacja, w czasie której otwierają ci klatkę piersiową, przepiłowują żebra, zatrzymują serce, podłączają do maszyny, która za ciebie oddycha i podtrzymuje krążenie krwi, po czym znowu cię zaszywają. Masz ciało, ale nie jesteś ciałem. Ty jesteś wieczny. Ciało nie.

Amerykańska poetka Em Claire (która, o czym z radością informuję, jest moją ukochaną żoną) doskonale uchwyciła to w swoim wierszu, *Precious Occurence (Cenne Zdarzenie)*...

Ja to cenne zdarzenie,
i nie trwam długo.

My to cenne zdarzenie

I choć wydaje nam się inaczej,
nie trwamy długo.

Zbyt wiele czasu tracimy
w biegu
od twarzy do twarzy
pytając, „Jak mi na imię?"

Jeśli jeszcze nie wiesz
lub zapomniałeś,
zatrzymaj się, wejrzyj w głąb w siebie
i odpowiedz sobie.

Ty jesteś Cennym Zdarzeniem:

Wyjaw *nam* swoje imię.

„Precious Occurrence" *em claire*

emclaire.love

Operacja na otwartym sercu była doświadczeniem, które skłoniło mnie do długich i głębokich przemyśleń. Przemyśleń, które towarzyszą mi przy pisaniu tych słów. Jak zamierzam wykorzystać czas, jaki pozostał mi w tym obecnym życiu?

Jak my wszyscy zamierzamy wykorzystać swój czas? Jaki jest cel naszego pobytu tutaj? Co naprawdę będzie miało znaczenie, gdy nasz żywot w obecnej fizycznej postaci dobiegnie końca?

Czy jesteśmy tu po to, żeby poderwać babkę lub faceta, znaleźć pracę, wziąć kredyt na dom, ożenić się lub wyjść za mąż, kupić samochód, znaleźć lepszą pracę, kupić bardziej wypasiony samochód, wziąć kredyt na większy dom, zaliczyć rejs po Karaibach, awansować w pracy, dorobić się własnego gabinetu ze złoconą wizytówką na drzwiach, odejść na emeryturę ze sprezentowanym przez firmę pamiątkowym zegarkiem, po czym nabawić się chorób i stracić sprawność, by wreszcie opuścić ten ziemski padół? Czy to jest nasz cały pomysł na życie?

Czy w życiu nie chodzi o coś więcej?

Zastanawiałem się też nad kwestią *przebudzenia*. Czy to coś rzeczywistego? A może po prostu wymyślamy sobie nowe zajęcie, żeby oderwać się od codzienności, urozmaicić sobie życie?

I wtedy pomyślałem sobie: *Zaraz, zaraz. Właśnie skończyłeś pisać książkę – relację ze swej najnowszej rozmowy z Bogiem. Jakie jest jej najważniejsze przesłanie? Może warto do niego wrócić?*

Przeczytałem jeszcze raz od deski do deski zapis tej rozmowy i uznałem, że najważniejsze jej przesłanie brzmi: „Już się przebudziłeś. Po prostu o tym nie wiesz".

I dostrzegam płynące z niego korzyści. Nie dążę do przebudzenia, lecz zobowiązuję się do postępowania w sposób, który odzwierciedla mój prawdziwy stan: każdą myślą, każdym słowem, gestem, czynem czy wyborem pragnę zaświadczać, że już się przebudziłem.

Sam to dla siebie wybrałem, samookreśliłem się. I chciałbym, żebyś ty również to uczynił.

Teraz naprawdę jest doskonała chwila na postęp, dla każdego z nas z osobna i dla całej ludzkości. Dążenie do postępu wcale nie musi być uciążliwe. Wręcz przeciwnie, może sprawiać radość. Wyrażanie najwyższej i najwspanialszej wersji naszej Jaźni to coś cudownego. Trzeba tylko przezwyciężyć strach i odrzucić defetyzm, które mogą stawać nam na przeszkodzie.

Spróbujmy przez tydzień. Choćby przez jeden dzień. Zwracajmy uwagę na to, co myślimy i co mówimy. Liczmy, ile razy nasze myśli i słowa miały wydźwięk negatywny, a ile razy przydały danej chwili pozytywnej energii i dobrych wibracji.

Następnie przyjmijmy zaproszenie Boskości i powtarzajmy sobie przed każdym spotkaniem, przed każdą interakcją, każdym przewidywanym doświadczeniem z udziałem innych ludzi: *Przyszedłem, abyście mieli życie, i mieli je w obfitości.*

Niech to nastawienie nada kontekst wszystkim naszym wysiłkom intelektu, przejawianym emocjom i podejmowanym działaniom.

Jeśli zechcesz dołączyć do mnie na kolejnym, być może najważniejszym i najbardziej ekscytującym etapie naszej ewolucyjnej podróży, na stronie www.ihaveselfselected.com znajdziesz materiały, które ci w tym pomogą.

Opracowałem je głównie na własny użytek. Zebrałem fragmenty *Rozmów z Bogiem*, praktyczne porady i najważniejsze tezy, które już odmieniły moje życie, a myślę, że to jeszcze nie koniec, że doprowadzą mnie do dalszych, donioślejszych zmian.

Myślisz, że uda nam się wprowadzić te zmiany? Myślisz, że gdyby nam się udało, nasz świat byłby lepszy?

A może zastanawiasz się, po co się właściwie tak męczyć? Po co stawiać przed sobą tak ambitne zadania? Nie da się z dnia na dzień przekreślić całych stuleci – ba! całych *tysiącleci* – folgowania zachciankom, ulegania pokusom, oddawania się przyjemnościom. Każda zmiana wymaga nowego sposobu myślenia, nowego sposobu rozumienia życia, nowego sposobu rozmawiania z innymi, nowego sposobu zaznaczania swojej obecności w świecie.

Po co zadawać sobie tyle trudu? Czy nie lepiej po prostu poderwać babkę lub faceta, znaleźć pracę, wziąć kredyt na dom, ożenić się albo wyjść za mąż, kupić samochód? Próbować radzić sobie jakoś w życiu, które nie ma wyższego celu?

Ponieważ nasz pobyt tutaj służy czemuś więcej.

Nie przyszliśmy na ten świat, żeby grać w „Zbieraj fanty i wygrywaj". Nie przyszliśmy na ten świat, żeby jakoś przez to życie przebrnąć, licząc tylko na to, że poniesiemy jak najmniej szkód i zyskamy możliwie najwięcej tego, co określamy jako „szczęście" czy „sukces". Czy naprawdę sądzimy, że do tego sprowadza się nasze ziemskie doświadczenie?

Jest jeszcze jeden powód, dla którego warto zadać sobie trud.

Warto zadać sobie trud, ponieważ nasz świat – który pragniemy zostawić w spadku naszym dzieciom i wnukom – nie przetrwa w swej obecnej postaci, jeśli działania ludzi nadal będą skupione głównie na tym, żeby „poderwać babkę lub faceta, znaleźć pracę, kupić samochód..."

Czas, żebyśmy się przebudzili jako gatunek, żebyśmy poszli naprzód, żebyśmy uświadomili sobie, Kim Jesteśmy, Po Co Tu Jesteśmy i Jaki Cel Ma Życie.

Czy celem wszelkiego bytu jest po prostu *bycie*?

Z pewnością nie. Z pewnością w życiu chodzi o coś więcej.

Wszystkie księgi *Rozmów z Bogiem* mówią wyraźnie, że tak jest. Dlatego korzystam z nich na co dzień. Mam nadzieję, że ty również po nie sięgniesz. Przeczytaj je. Wszystkie. Nie dlatego, że moim zdaniem znajdziesz tam Rozwiązanie Największej Zagadki Życia; uważam, że dzięki nim możesz znaleźć swoje Własne Odpowiedzi. Możesz przyjąć lub odrzucić głoszone w nich przesłania, lecz tak czy owak, przybliżysz się do swej wewnętrznej prawdy.

I będziesz mógł żyć w oparciu o swą wewnętrzną prawdę.

W ten sposób przyczynisz się do przebudzenia ludzkości. Albowiem ten, kto wciela w życie najwyższą i najwspanialszą prawdę o sobie i o celu wszelkiego życia, oddziałuje na innych, wyrywa ich ze snu zapomnienia, uosabia dla nich ich własne najszczytniejsze myśli i nadzieje, zwraca im ich samych.

Tak przedstawia się wysłane do nas zaproszenie. Stoimy przed ogromną szansą. Odważmy się na kolejny krok naprzód. Stawianie kolejnych kroków na drodze ewolucji to cel życia. Albowiem Dusza wyraża siebie w życiu przez postęp, postęp, *postęp*. Wzrost, wzrost, *wzrost*. Stawanie się, stawanie się, *stawanie się*. Wiecznie, nieustannie, zawsze.

Tak przejawia swą radość Bóg, ucieleśniony w każdej żyjącej istocie.

I ty podziel jego radość, serdecznie ci tego życzę.

Neale Donald Walsch
Ashland, Oregon
22 listopada 2016

PS. Jeśli przedstawione w tym dialogu Trzecie Zaproszenie obudziło w tobie chęć działania, wiedz, że na świecie jest wiele organizacji i ruchów na rzecz przebudzenia ludzkości, którym przydałoby się twoje wsparcie. Jedna z takich organizacji, Humanity's Team (HumanitysTeam.org), powstała, żeby głosić płynące z *Rozmów z Bogiem* przesłanie jedności i działa na rzecz ostatecznego wyeliminowania podziału. Inna, Conversations with God Foundation (CWG.org), również szerzy na świecie idee *RzB*.

Jeśli pragniesz dokładniej zgłębić zawartość dziewięciu ksiąg *RzB* – a być może również wziąć udział w zaawansowanym programie integracji zawartych w niej prawd – możesz uczynić to na stronie www.CWGConnect.com, która, mam taką nadzieję, będzie służyć wszystkim zainteresowanym jeszcze długo po mym Święcie Przejścia.

Na koniec chciałbym wyrazić najgłębszą wdzięczność dla mojej żony, Em, która była mi opoką w chwilach zwątpienia, światłością w chwilach zamętu i towarzyszką okazującą mi pełne zrozumienie i bezwarunkową miłość, ilekroć dostrzegała u mnie gotowość ulegnięcia złudzeniu, że odbywam swą Podróż przez życie samotnie.

W końcu poczułem tę prawdziwą więź z Drugim Człowiekiem. Wiedziałem, że to jest możliwe. Po prostu w*iedziałem*. Ale to nader rzadkie doświadczenie. Mogę was teraz zapewnić, co czynię z wielką radością, że miłość Boga wyraża się tu na Ziemi przez ludzi. Żywym dowodem na to jest moja najdroższa Em.

Poetyckie utwory Em są dla mnie ciągłym natchnieniem, dlatego pragnę zakończyć tę książką jednym z jej wierszy, abyś ty też poczuł się podniesiony na duchu.

Kiedy wracam myślą do Boga, którego obraz wyłania się z tego najnowszego dialogu, nie mogę się oprzeć chęci przedstawienia światu intrygującego i ważkiego duchowego pytania, jakie stawia Em w wierszu pochodzącym z wydanego przez nią tomu *Home Remembers Me*.

Nie wyobrażam sobie lepszego zakończenia mojej rozmowy z Bogiem.

Nie wiem, czy twój bóg jest
taki sam jak mój bóg?

Czy jest utkany z *Miłości*?

Czy pragnie dla ciebie tego, co ty pragniesz?

Czy przychodzi do ciebie z otwartymi ramionami,
o nic nie prosząc, gotowy na wszystko?

Czy szepcze ci do ucha o Światłości
i Spoczynku, i wskazuje drogi,
które cię tam doprowadzą?

Czy przypomina ci twe Widzenie?
Czy przypomina ci twą Wiedzę?

Czy przypomina ci najczulszego Kochanka,
o jakim marzyłeś, kojącego,
pieszczącego całe twoje ciało,
usuwającego znużenie z serca?

Czy kiedykolwiek się spóźnia?

Czy kiedykolwiek odchodzi?

Czy jest utkany z Miłości?

„Is It Made of Love?" *em claire*

emclaire.love

Apendyks

O *Rozmowach z Bogiem*

Na serię *Rozmowy z Bogiem* składa się łącznie dziewięć ksiąg, z których każda kolejna poszerza zakres poruszanych zagadnień i omawia je na coraz bardziej zaawansowanym poziomie. Powstały również uzupełniające przewodniki i podręczniki, które w większym stopniu skupiają się na duchowym i praktycznym zastosowaniu w życiu codziennym śmiałych koncepcji wyłaniających się z dialogów.

Teksty uzupełniające odnoszą oryginalne przesłania *RzB* do rozmaitych dziedzin ludzkiej działalności, na przykład uwzględniają specyficzne potrzeby i zainteresowania młodzieży (*Conversations with God for Teens*), pokazują, jak wygląda i jakie budzi uczucia wprowadzenie Boga do swojego życia (*The Holy Experience*), przedstawiają skutki doświadczania nieoczekiwanych i niepożądanych zmian (*When Everything Changes, Change Everything*), podpowiadają, jak mamy sobie radzić z politycznymi, społecznymi i ekonomicznymi wstrząsami (*The Storm Before the Calm*), i skupiają się na tej jednej, jedynej rzeczy, która ma dla nas prawdziwe znaczenie, zważywszy na pragnienie, jakim kieruje się ludzka dusza (*The Only Thing That Matters*).

Happier Than God to pouczająca rozprawa na temat wykorzystania potężnej mocy metafizyki, *Bringers of the Light* rozwija zagadnienie godziwego życia i godnego zarobkowania w oparciu o idee *RzB*, zaś *What God Said* to całość

Rozmów z Bogiem „w pigułce", wyciąg z trzech tysięcy stron w postaci tysiąca słów zawierających najważniejsze idee i ich wyjaśnienie w poszczególnych rozdziałach. Ci, którzy zastanawiają się, o co chodzi w *Rozmowach z Bogiem*, a nie mają czasu na to, żeby się w nie zagłębić, mogą zapoznać się ze streszczeniem zawartym w książeczce *What God Wants*. Wreszcie, *God's Message to the World: You've Got Me All Wrong*, ma na celu wnikliwe rozpatrzenie najbardziej szkodliwych wyobrażeń na temat Bóstwa, towarzyszących ludzkości od tysięcy lat.

OTO PEŁNA LISTA TYTUŁÓW WSZYSTKICH KSIĄG RZB

Dialogi:

Rozmowy z Bogiem – Księga 1
Rozmowy z Bogiem – Księga 2
Rozmowy z Bogiem – Księga 3
Przyjaźń z Bogiem
Wspólnota z Bogiem
The New Revelations
Tomorrow's God
Home with God
Nieoczekiwana Rozmowa z Bogiem

Tytuły uzupełniające:

5. *What God Wants*
6. *Bringers of the Light*
7. *Recreating Your Self*
8. *Pytania i odpowiedzi do Rozmów z Bogiem*
9. *Conversations with God for Teens*

10. *Chwile łaski*
11. *Neale Donald Walsch o związkach*
12. *Neale Donald Walsch o życiu holistycznym*
13. *Neale Donald Walsch o obfitości i godnym zarobkowaniu*
14. *Happier Than God*
15. *The Holy Experience*
16. *The Conversations with God Companion*
17. *When Everything Changes, Change Everything*
18. *When Everything Changes, Change Everything*: Work Book & Study Guide
19. *The Storm Before the Calm*
20. *The Only Thing That Matters*
21. *What God Said*
22. *God's Message to the World: You've Got Me All Wrong*
23. *Conversations with God for Parents: Sharing the Message with Children* (with Laurie Farley and Emily Filmore)
24. *Where God and Medicine Meet* (with Dr. Brit Cooper, M.D.)
25. *Children's Book: The Little Soul and the Sun*
26. *Children's Book: The Little Soul and the Earth*
27. *Children's Book: Santa's God*

Dodatkowe teksty:

1. *Przewodnik do Rozmów z Bogiem*
2. *Meditations from Conversations with God*
3. *The Wedding Vows from Conversations with God*
4. *The Little Book of Life*
5. *Conversations with God in a Nutshell*

PRZEGLĄD MATERIAŁU ZAWARTEGO W KSIĄŻKACH Z CYKLU *ROZMOWY Z BOGIEM*

Poniższe pytania odnoszą się do pięćdziesięciu najistotniejszych dla ludzkości zagadnień, omawianych w książkach z serii *Rozmowy z Bogiem*. Mogą być wykorzystane zarówno przez zgłębiających ich tajniki uczniów, jak i nauczycieli, jako rodzaj sprawdzianu z kluczem zawierającym odpowiedzi. Mogą też posłużyć za krótką prezentację zakresu tematyki poruszanej przez kolejne książki cyklu i zachęcić do ich przeczytania.

Pytanie #1:

Jak brzmią Trzy Najwyższe Prawdy płynące z *Księgi 1 Rozmów z Bogiem*?

Odpowiedź #1:

1. Wszyscy jesteśmy Jednym.
2. Wszystkiego jest dość.
3. Niczego nie musisz.

Odnośniki do cytatów uzasadniających tę odpowiedź:

(1) Wszyscy jesteśmy jednym. *RzB, Księga 1*, str. 57

(2) Wszystkiego jest dość. *RzB, Księga 1*, str. 215; *Przewodnik do RzB*, str. 233

(3) Niczego nie musisz. *RzB, Księga 1*, str. 178; *Księga 3*, str. 18

....

Pytanie #2:

Na czym polega paradygmat Być-Działać-Mieć?

Odpowiedź #2:

Większość ludzi sądzi, że muszą DZIAŁAĆ, żeby coś MIEĆ, po to, aby BYĆ szczęśliwymi. *Rozmowy z Bogiem* pokazują, że osoby te podchodzą do życia od niewłaściwej strony. Bóg zachęca nas, byśmy zaczęli od BYCIA. Wtedy to, jacy JESTEŚMY, wpłynie na to, co ZROBIMY i co będziemy MIEĆ, a kształtowane w ten sposób doświadczenie przyniesie nam dużo więcej radości i satysfakcji.

Odnośniki do cytatów uzasadniających tę odpowiedź:

RzB, Księga 1, str. 221–223, 229
RzB, Księga 3, str. 31–32
Przewodnik do RzB, str. 245–248

....

Pytanie #3:

Wymień Pięć Boskich Przymiotów.

Odpowiedź #3:

Bóg zawsze przepełniony jest Radością, Miłością, Akceptacją, Wdzięcznością i Błogością.

Odnośnik do cytatu uzasadniającego tę odpowiedź:

RzB, Księga 1, str. 93

....

Pytanie #4:

Na czym polega Prawo Przeciwieństw?

Odpowiedź #4:

„Jeśli nie ma tego, czym *nie jesteś*, to, czym *jesteś*, nie istnieje". W świecie fizycznym (zwanym również relatywnym) nic nie może istnieć bez swojego przeciwieństwa. Chcąc przypisać sobie jakąkolwiek cechę, przywołujesz doświadczenie cechy całkowicie przeciwnej. Dzięki temu wiesz, w jaki sposób możesz określić siebie. Nie wiedziałbyś, co znaczy „gorąco", gdybyś nie doświadczył „zimna". Nie wiedziałbyś, co znaczy „szybko", gdybyś nie poznał tego, co „powolne". Nie wiedziałbyś, że jesteś „wysoki", gdybyś nie mógł porównać się z „niskim".

Odnośnik:
RzB, Księga 1, str. 46–47

Pytanie #5:
Czym jest Boska Dychotomia?

Odpowiedź #5:
Boska Dychotomia polega na tym, że w tej samej rzeczywistości mogą obowiązywać dwie różne prawdy, które wydają się wzajemnie całkowicie wykluczać. Zamiast sytuacji dającej możliwość *albo* jednego, *albo* drugiego, mamy do czynienia z możliwością wyboru *i tego, i tego*. „Albo/lub" zastąpione zostaje przez „i/oraz".

Odnośniki do cytatów uzasadniających tę odpowiedź:
RzB, Księga 1, str. 167, 176
Rzb, Księga 3, str. 29

Pytanie #6:
Wymień Dziesięć Przyrzeczeń.

Odpowiedź #6:

Dziesięć Przyrzeczeń zostało ustanowionych po to, byśmy dzięki nim mogli odbierać „pewne i oczywiste znaki", świadczące o tym, że zmierzamy do właściwego doświadczenia Boga. Jeśli wypełniamy je na co dzień, spontanicznie *i bez namysłu,* możemy być *pewni,* że jesteśmy na Dobrej Drodze! Zgodnie z Boskim przesłaniem, są to znaki świadczące o obraniu właściwego kierunku. Jeśli kroczysz drogą prowadzącą do Boga, to...

1. Będziesz miłował Boga całym swoim sercem, całym umysłem, całą duszą.
2. Nie będziesz nadaremno wymawiał imienia Boga. I nie będziesz wzywał Go w sprawach błahych.
3. Przeznaczysz święty dzień dla Boga, byś znów mógł doświadczać swej Boskiej Jaźni i w ten sposób nie będziesz pozostawał zbyt długo w stanie iluzji.
4. Będziesz czcić matkę swą i ojca swego tak, jak czcisz Boga/Matkę i Boga/Ojca, a zarazem uszanujesz każdego.
5. Nie zabijesz z rozmysłem i bez powodu nie tylko człowieka, ale też żadnej żywej istoty.
6. Nie zbrukasz czystej miłości zdradą czy nieuczciwością, gdyż to jest wiarołomstwem.
7. Nie będziesz kradł ani oszukiwał, knuł czy szkodził drugiemu.
8. Nie będziesz mówił nieprawdy.
9. Nie będziesz pożądał żony bliźniego, albowiem będziesz wiedział, że wszyscy są twymi ukochanymi braćmi i siostrami.
10. Nie będziesz pożądał dóbr bliźniego, albowiem będziesz wiedział, że wszystkie dobra mogą być twoje i wszystkie dobra należą do świata.

Odnośniki do cytatów uzasadniających tę odpowiedź:

RzB, Księga 1, str. 129–131

Pytanie #7:

Co mówi Prawo Troistości?

Odpowiedź #7:

Prawo to głosi, że cała nasza rzeczywistość ma naturę troistą. Każdej dziedzinie życia przypisać można cechę „jedności w trójcy". Niektóre religie czczą świętą Trójcę, do której zaliczają „Ojca, Syna i Ducha Świętego". „Trójpodział" często pojawia się również w wielu innych koncepcjach, oddając ich złożoną naturę.

Mówimy zatem o sferze fizycznej, niefizycznej i metafizycznej; o wiedzy, doświadczeniu i bycie; o podświadomości, świadomości i nadświadomości; o ciele, umyśle i duchu; opisujemy nasz wszechświat jako zbudowany z energii, materii i antymaterii; przejawy ludzkich zachowań widzimy w myśli, słowie i uczynku; rozróżniamy czas przeszły, teraźniejszy i przyszły; w odniesieniu do czasu i przestrzeni używamy sformułowań takich jak „wcześniej", „teraz" i „później" oraz „tutaj", „tam" i „pomiędzy".

Odnośniki do cytatów uzasadniających tę odpowiedź:

RzB, Księga 1, str. 44, 49–50, 102

Pytanie #8:

Wymień Trzy Reguły Rzeczywistości.

Odpowiedź #8:

1. Myśl ma moc stwórczą – a myśl zbiorowości tworzy wspólną rzeczywistość.
2. Strach przyciąga pokrewna energię – przyciągasz to, czego się boisz.
3. Miłość jest wszystkim, co istnieje.

Odnośniki do cytatów uzasadniających tę odpowiedź:

RzB, Księga 1, str. 77–80

...

Pytanie #9:

Wymień Trzy Funkcje Życia.

Odpowiedź #9:

1. Funkcją duszy jest sygnalizowanie swych pragnień (a nie narzucanie ich).
2. Funkcją umysłu jest wybieranie spośród możliwości.
3. Funkcją ciała jest realizacja tego wyboru.

Odnośnik do cytatu uzasadniającego tę odpowiedź:

RzB, Księga 1, str. 228

...

Pytanie #10:

Wymień Sześć Oznak Świadomego Życia.

Odpowiedź #10:

1. Jeszcze niedawno naszym jedynym pragnieniem było zostać tu (w Dziedzinie Fizykalności). Teraz chcemy jedynie odejść (powrócić do Dziedziny Duchowości). Za nasz podstawowy instynkt uważaliśmy chęć przetrwania.

Teraz wiemy już, że pierwotnym instynktem jest wyrażanie Boskości.

2. Jeszcze niedawno zabijaliśmy. Teraz nie moglibyśmy zabić bez dokładnego rozeznania, co robimy i dlaczego.
3. Jeszcze niedawno wiedliśmy życie, jakby było bez celu. Teraz wiemy, że nie ma celu poza tym, który sami mu nadajemy.
4. Jeszcze niedawno błagaliśmy Boga, by objawił nam prawdę. Teraz głosimy mu swoją prawdę.
5. Jeszcze niedawno dążyliśmy do sławy i bogactwa. Teraz chcemy być po prostu i wspaniale sobą.
6. Jeszcze niedawno lękaliśmy się Boga. Teraz kochamy Boga na tyle, by uznać go za równego sobie.

Odnośniki do cytatów uzasadniających tę odpowiedź:
RzB, Księga 1, str. 203

....

Pytanie #11:
Co oznacza stwierdzenie: „To, przed czym się bronisz, umacnia się".

Odpowiedź #11:
To, przed czym się bronisz, przez twój opór zyskuje energię, dzięki której umacnia się w twej rzeczywistości. Zamiast się opierać, przypatrz się temu, a przestanie mamić cię swą złudną formą. Przejrzyj to na wylot, aż rozwieją się wszelkie złudzenia i dojrzysz to, co rzeczywiste.

Odnośniki do cytatów uzasadniających tę odpowiedź:
RzB, Księga 1, str. 134,137

....

Pytanie #12:
Do czego dąży dusza?

Odpowiedź #12:
Jedynym dążeniem duszy jest obrócić najwyższe mniemanie o sobie w swe najwspanialsze doświadczenie.

Odnośniki do cytatów uzasadniających tę odpowiedź:
RzB, Księga 1, str. 40

....

Pytanie #13:
Wymień dwie Pierwotne Myśli, które są podstawą wszystkich pozostałych.

Odpowiedź #13:
Te myśli to Miłość i Strach.

Odnośniki do cytatów uzasadniających tę odpowiedź:
RzB, Księga 1, str. 36

....

Pytanie #14:
Na czym polega różnica między bólem a cierpieniem?

Odpowiedź #14:
Ból jest uczuciem fizycznym lub psychicznym, wywołanym określonym bodźcem. Cierpienie jest naszą reakcją na ból, wynikiem uznania, że stało się coś, czego sobie nie życzyliśmy, lub co nie powinno się zdarzyć. By przestać cierpieć wystarczy podjąć świadomą decyzję, aby na odczuwany ból spojrzeć z innej perspektywy. Zarówno w przypadku

bólu fizycznego, jak i psychicznego, możemy ograniczyć cierpienie, a nawet całkowicie je wyeliminować, podchodząc z miłością do tego, co nas spotkało, i uznając, że w ostatecznym rezultacie wyjdzie nam to tylko na dobre. W ten sposób pozbywamy się poczucia, że jesteśmy „jedną wielką raną" (na przykład podczas porodu albo wyrywania zęba).

Odnośniki do cytatów uzasadniających tę odpowiedź:
RzB, Księga 1, str. 141, 143–144

....

Pytanie #15:
Dokończ zdanie: Udany związek to taki, w którym każda ze stron...

Odpowiedź #15:
... kieruje się tym, co dla niej samej najlepsze.

Odnośniki do cytatów uzasadniających tę odpowiedź:
RzB, Księga 1, str. 173–175
Przewodnik do RzB, str. 196

....

Pytanie #16:
Dokończ zdanie: Twoje życie bierze się z...

Odpowiedź #16:
... intencji, jakie wobec niego żywisz

Odnośniki do cytatów uzasadniających tę odpowiedź:
RzB, Księga 1, str. 157

....

Pytanie #17:

Dokończ zdanie: Prawdziwa korzyść zawsze jest...

Odpowiedź #17:

... wzajemna.

Odnośniki do cytatów uzasadniających tę odpowiedź:

Przyjaźń z Bogiem, str. 355 (Elisabeth Kübler-Ross)
Przewodnik do RzB, str. 252

....

Pytanie #18:

Dokończ zdanie: Każde działanie jest aktem...

Odpowiedź #18:

... samookreślenia.

Odnośniki do cytatów uzasadniających tę odpowiedź:

When Everything Changes, Change Everything, str. 267
Przewodnik do RzB, str. 252

....

Pytanie #19:

Bóg mówi nam, że nie możemy mieć tego, co chcemy. Jak to jest możliwe?

Odpowiedź #19:

Chcąc czegoś, dajemy światu do zrozumienia, że tego nie posiadamy, a światu nie pozostaje nic innego jak odzwierciedlić ten brak w naszej rzeczywistości. W rezultacie pragniesz tego coraz bardziej, lecz tylko coraz bardziej ci tego brakuje, bowiem Bóg zawsze przytakuje twojej myśli sprawczej.

Odnośniki do cytatów uzasadniających tę odpowiedź:

RzB, Księga 1, str. 27, 29

....

Pytanie #20:

Wymień Pięć Stopni Głoszenia Prawdy.

Odpowiedź #20:

1. Mów sobie prawdę o sobie.
2. Mów sobie prawdę o drugim człowieku.
3. Mów prawdę o sobie drugiemu człowiekowi.
4. Mów drugiemu człowiekowi prawdę o nim samym.
5. Mów prawdę każdemu o wszystkim.

Odnośniki do cytatów uzasadniających tę odpowiedź:

RzB, Księga 2, str. 25

....

Pytanie #21:

Wymień Trzy Zasady Holistycznego Życia (znane również jako Prawo Trójkąta).

Odpowiedź #21:

1. Świadomość
2. Uczciwość
3. Odpowiedzialność

Odnośniki do cytatów uzasadniających tę odpowiedź:

RzB, Księga 3, str. 420

....

Pytanie #22:

Wymień Trzy Narzędzia Tworzenia.

Odpowiedź #22:

1. Myśl
2. Słowo
3. Czyn (Działanie)

Odnośniki do cytatów uzasadniających tę odpowiedź:

RzB, Księga 1, str. 103
Przyjaźń z Bogiem, str. 271

Pytanie #23:

Wymień Siedem Stopni do Przyjaźni z Bogiem.

Odpowiedź #23:

1. Znaj Boga
2. Ufaj Bogu
3. Kochaj Boga
4. Przygarnij Boga
5. Korzystaj z Boga
6. Pomagaj Bogu
7. Dziękuj Bogu

Odnośniki do cytatów uzasadniających tę odpowiedź:

Przyjaźń z Bogiem, str. 71–72

Pytanie #24:

RzB mówią, że są Trzy Podstawowe Zasady Życia. Pierwszą jest Funkcjonalność. Wymień pozostałe.

Odpowiedź #24:

1. Funkcjonalność
2. Przystosowanie
3. Przetrwanie

Odnośniki do cytatów uzasadniających tę odpowiedź:

The New Revelations, str. 223
When Everything Changes, Change Everything, str. 167

....

Pytanie #25:

W jak najkrótszych słowach przedstaw przesłanie Nowej Dobrej Nowiny.

Odpowiedź #25:

Wszyscy stanowimy jedno. Nasz sposób nie jest lepszy, nasz sposób jest jednym z wielu.

Odnośniki do cytatów uzasadniających tę odpowiedź:

Przyjaźń z Bogiem, str. 170, 394–395, 435

....

Pytanie #26:

Pierwszym Magicznym Pytaniem jest: Kim Naprawdę Jestem? Jak brzmi drugie?

Odpowiedź #26:

Jak postąpiłaby teraz miłość?

Odnośniki do cytatów uzasadniających tę odpowiedź:

RzB, Księga 1, str. 172

....

Pytanie #27:

Wymień Cztery Poziomy Świadomości.

Odpowiedź #27:

1. Podświadomość
2. Świadomość
3. Nadświadomość
4. Wszechświadomość

Odnośniki do cytatów uzasadniających tę odpowiedź:

Przyjaźń z Bogiem, str. 128

....

Pytanie #28:

Istnieje Sześć Poziomów Wiedzy. Wymień przynajmniej trzy.

Odpowiedź #28:

1. Są tacy, którzy nie wiedzą, i nie wiedzą, że nie wiedzą. Ci są jak dzieci. Dbajcie o nich.
2. Są tacy, którzy nie wiedzą, lecz wiedzą, że nie wiedzą. Ci są chętni. Nauczajcie ich.
3. Są tacy, którzy nie wiedzą, ale sądzą, że wiedzą. Ci są niebezpieczni. Wystrzegajcie się ich.
4. Są tacy, którzy wiedzą, lecz nie wiedzą, że wiedzą. Ci są uśpieni. Obudźcie ich.
5. Są tacy, którzy wiedzą, lecz udają, że nie wiedzą. To są aktorzy. Bawcie się z nimi. Ale nie dajcie się zwieść ich grze.
6. Są tacy, którzy wiedzą, i wiedzą, że wiedzą. Nie naśladujcie ich, albowiem jeśli *wiedzą,* że wiedzą, nie zechcą *mieć* naśladowców. Lecz uważnie ich słuchajcie, *przypomną* wam bowiem to, co *sami* wiecie. Właśnie po to ich do siebie przywołujecie.

Odnośnik do cytatu uzasadniającego tę odpowiedź:
Przyjaźń z Bogiem, str. 308

....

Pytanie #29:
Do wszystkiego można odnosić się w świadomości na trzech poziomach. Wymień je.

Odpowiedź #29:
1. Nadzieja
2. Wiara
3. Wiedza

Pierwszym poziomem jest nadzieja. Zawsze lepiej jest żywić nadzieję, niż pogrążać się w poczuciu „beznadziejności", jednak to poziom podstawowy, na którym zakładamy możliwość pożądanego rozwoju sytuacji, ale nie mamy co do tego pewności. Czyli „mamy nadzieję".

Drugim poziomem jest wiara. Niesie w sobie większą energię niż „nadzieja", sugeruje bowiem, że choć scenariusz negatywny jest możliwy, to jednak zdarzy się to, czego oczekujemy. „Wierzymy" w to.

Najwyższym poziomem jest wiedza. Jest ona potężniejsza zarówno od „nadziei", jak i „wiary", ponieważ zakłada, że scenariusz negatywny jest niemożliwy, niezależnie od okoliczności, a to, co się stanie będzie dobre, przyjmiemy to chętnie i z radością, albowiem wszystko przyspiesza nasz rozwój i wskazuje nam drogę powrotną do Domu. Na tym poziomie „jesteśmy pewni", wiemy, że nigdy nie spotka nas nic „złego".

I taka jest prawda, biorąc oczywiście pod uwagę to, kim i czym jesteśmy.

Odnośnik do cytatu uzasadniającego tę odpowiedź:
Przyjaźń z Bogiem, str. 120

Pytanie #30:
Wymień Dziesięć Iluzji Ludzkości.

Odpowiedź #30:
1. Istnieje potrzeba.
2. Istnieje przegrana.
3. Istnieje podział.
4. Istnieje niedobór.
5. Istnieje wymóg.
6. Istnieje osąd.
7. Istnieje potępienie.
8. Istnieje uwarunkowanie.
9. Istnieje wyższość.
10. Istnieje niewiedza.

Odnośniki do cytatów uzasadniających tę odpowiedź:
Wspólnota z Bogiem, str. 23
Happier Than God, str. 251, 252

Pytanie #31:
Co mówi Kulturowy Mit Ludzkości oparty na tych iluzjach? (Dziesięć mitów wynikających z dziesięciu iluzji.)

Odpowiedź #31:
Opierając się na Dziesięciu Iluzjach, błędnie zakładamy, że…
1. Bóg ma zadanie do wykonania. (Istnieje potrzeba.)
2. Wynik życia jest niepewny. (Istnieje przegrana.)

3. Jesteśmy oddzieleni od Boga. (Istnieje podział.)
4. Wszystkiego jest za mało. (Istnieje niedobór.)
5. Jest coś, co musimy zrobić. (Istnieje wymóg.)
6. Jeśli tego nie zrobimy, zostaniemy ukarani. (Istnieje osąd.)
7. Karą jest skazanie na wieczne męki. (Istnieje potępienie.)
8. Miłość jest więc uwarunkowana. (Istnieje uwarunkowanie.)
9. Poznanie i spełnienie warunków daje nam przewagę nad innymi. (Istnieje wyższość.)
10. Nie wiemy, że to wszystko są iluzje. (Istnieje niewiedza.)

Odnośniki do cytatów uzasadniających tę odpowiedź:
Wspólnota z Bogiem, str. 25
Happier Than God, str. 252, 253

....

Pytanie #32:
Na czym polega trójstopniowe świadome podejmowanie decyzji?

Odpowiedź #32:
Proces świadomego podejmowania decyzji pozwala nam wykorzystywać iluzje do doświadczania siebie w całkiem nowy sposób, za każdym razem, gdy natkniemy się w życiu na którąś z nich. Na proces ten składa się:
1. Przejrzenie iluzji.
2. Zdecydowanie, co oznacza.
3. Stworzenie siebie na nowo.

Odnośnik do cytatu uzasadniającego tę odpowiedź:
Wspólnota z Bogiem, str. 183

....

Pytanie #33:

Dokończ zdanie: Jeśli nie ma tego, czym nie jesteś...

Odpowiedź #33:

... to, czym jesteś, nie istnieje.

Odnośniki do cytatów uzasadniających tę odpowiedź:

RzB, Księga 1, str. 46–47
Przewodnik do RzB, str. 76
When Everything Changes, Change Everything, str. 193

....

Pytanie #34:

Wymień Pięć Błędnych Przekonań na temat Boga i Pięć Błędnych Przekonań na temat Życia.

Odpowiedź #34:

Błędne Przekonania na temat Boga:

4. Ludzie są przekonani, że Bóg czegoś potrzebuje.
5. Ludzie są przekonani, że Bóg może nie otrzymać tego, czego potrzebuje.
6. Ludzie są przekonani, że Bóg oddzielił się od nich, ponieważ nie dają mu tego, czego potrzebuje.
7. Ludzie są przekonani, że Bóg potrzebuje czegoś tak bardzo, że wymaga tego od tych, od których się oddzielił.
8. Ludzie są przekonani, że Bóg ześle na nich karę, jeśli nie dadzą mu tego, czego potrzebuje.

Odnośniki do cytatów uzasadniających tę odpowiedź:

The New Revelations, str. 29, 30
Tomorrow's God, str. 111

Błędne Przekonania na temat Życia:

1. Ludzie są oddzieleni od siebie nawzajem.
2. Wszystkiego jest za mało, by ludzie mogli być szczęśliwi.
3. Ludzie myślą, że muszą konkurować o to, czego w ich mniemaniu jest zbyt mało.
4. Są ludzie lepsi od innych.
5. Ludzie mogą się zabijać z powodu dzielących ich różnic, które są wynikiem pozostałych błędnych przekonań.

Odnośniki do cytatów uzasadniających tę odpowiedź:
The New Revelations, str. 37, 38
Tomorrow's God, str. 111, 112

....

Pytanie #35:
Wymień przynajmniej 5 z 9 Nowych Objawień zawartych w *The New Revelations*.

Odpowiedź #35:

1. Bóg zawsze zwracał się do ludzi, czyni to również teraz.
2. Każdy człowiek jest wyjątkowy. Wszyscy ludzie, którzy żyli kiedyś, żyją obecnie albo dopiero się narodzą, w każdej chwili głoszą prawdę o życiu.
3. Żadna droga prowadząca do Boga nie jest lepsza od innych dróg. Nie istnieje „jedna słuszna religia", nie ma „narodów wybranych".
4. Bóg niczego nie potrzebuje i niczego od nikogo nie wymaga. Bóg jest czystą radością sam w sobie.
5. Bóg nie jest Nadrzędnym Bytem, istniejącym na zewnątrz nas, i nie ma żadnych emocjonalnych „potrzeb" właściwych ludziom. Nie można go w żaden sposób zranić ani skrzywdzić i dlatego Bóg nie widzi potrzeby karania ludzi.

6. Istnieje tylko Jednia i wszystkie rzeczy są częścią Jedni, Która Jest.
7. Nie ma rzeczy „słusznych" i „nagannych". Jest tylko To, Co Się Sprawdza, i To, Co Się Nie Sprawdza, biorąc pod uwagę, czym staracie się być, co staracie się robić, do czego dążycie.
8. Nie jesteś twoim ciałem. Masz ciało, ale nim nie jesteś. Jesteś jak Bóg – nic cię nie ogranicza, twoje istnienie nie ma końca.
9. Nie możesz umrzeć i nigdy nie zostaniesz skazany na wieczne potępienie.

Odnośnik do cytatów uzasadniających tę odpowiedź:
The New Revelations, str. 339–341

....

Pytanie #36:
Podaj Pięć Kroków prowadzących do osiągnięcia Pokoju

Odpowiedź #36:

1. Przyznajmy, że nasze żywione od dawna przekonania na temat Boga i Życia nie sprawdzają się w obecnej rzeczywistości.
2. Przyjmijmy, że być może jest coś, czego nie rozumiemy, jeśli chodzi o Boga i Życie, a czego zrozumienie zmieniłoby wszystko.
3. Otwórzmy się na nowe pojmowanie Boga i Życia, pozwólmy, żeby to nowe pojmowanie przyczyniło się do stworzenia nowego sposobu życia na Ziemi.
4. Znajdźmy w sobie odwagę, żeby zbadać to nowe pojmowanie, a jeśli jest ono zgodne z naszą wewnętrzną wiedzą, dopasujmy do niego nasz system wierzeń.

5. Żyjmy tak, aby nasze życie było świadectwem naszych najszczytniejszych wierzeń, a nie ich zaprzeczeniem.

Odnośnik do cytatów uzasadniających tę odpowiedź:
The New Revelations, str. 14

....

Pytanie #37:

Wymień przynajmniej 5 z 9 cech *Boga Przyszłości* (*Tomorrow's God*)

Odpowiedź #37:

1. *Bóg Przyszłości* nie wymaga od nikogo, żeby wierzył w Boga (str. 22).
2. *Bóg Przyszłości* nie ma rodzaju, kształtu, barwy ani żadnych innych właściwości żyjącej istoty (str. 23).
3. *Bóg Przyszłości* rozmawia z każdym, przez cały czas (str. 140).
4. *Bóg Przyszłości* nie jest od niczego oddzielony, jest Wszystkim Wszędzie (str. 32).
5. *Bóg Przyszłości* nie jest Nadrzędnym Bytem, lecz raczej niezwykłym procesem Życia (str. 71).
6. *Bóg Przyszłości* nieustannie się zmienia (str. 76).
7. *Bóg Przyszłości* nie ma potrzeb (str. 169).
8. *Bóg Przyszłości* nie żąda, aby mu służono; raczej sam jest sługą wszelkiego życia (str. 180).
9. *Bóg Przyszłości* kocha bezwarunkowo (str. 196).

Odnośnik do cytatów uzasadniających tę odpowiedź:
Tomorrow's God, str. 386 (zestawienie; poszczególne wyjaśnienia na stronach podanych wyżej)

....

Pytanie #38:

Wymień przynajmniej 10 z 18 Rzeczy do Zapamiętania

Odpowiedź #38:

1. Sam sprowadzasz na siebie śmierć (str. 7).
2. Zawsze jesteś przyczyną swojej śmierci, bez względu na to, jak umierasz (str. 8).
3. Nie możesz umrzeć wbrew własnej woli (str. 10).
4. Nie ma lepszej ani gorszej drogi prowadzącej z powrotem do Domu (str. 23).
5. Śmierć nigdy nie jest tragedią; jest raczej darem (str. 42).
6. Ty i Bóg stanowicie jedno; nic was nie dzieli (str. 70).
7. Śmierć nie istnieje (str. 89).
8. Nie możesz zmienić Najwyższej Rzeczywistości, ale możesz zmienić sposób, w jaki jej doświadczasz (str. 91).
9. Powodem, dla którego istnieje życie, jest pragnienie Boga, aby poznać siebie w doświadczeniu (str. 153).
10. Życie jest wieczne (str. 166).
11. Pora, kiedy umieramy, i okoliczności śmierci, zawsze są doskonałe (str. 171).
12. Śmierć każdego służy czemuś; służy każdemu, kto zdaje sobie z tego sprawę. Dlatego nigdy nie żyje ani nie umiera się na próżno (str. 181).
13. Narodziny i śmierć to w istocie to samo (str. 202).
14. Ciągle coś tworzymy, zarówno żyjąc jak i umierając (str. 217).
15. Ewolucja nigdy się nie kończy (str. 254).
16. Śmierć jest odwracalna (str. 256).
17. Kiedy umrzesz, spotkasz się z wszystkimi swymi ukochanymi osobami – tymi, które odeszły przed tobą, i tymi, które odejdą po tobie (str. 299).
18. Wolny wybór to akt czystego tworzenia, sygnatura Boga, a dla ciebie dar, chwała i potęga, zawsze (str. 311).

Odnośnik do cytatów uzasadniających tę odpowiedź:

Home with God, str. 325–326 (zestawienie; poszczególne wyjaśnienia na stronach podanych wyżej)

...

Pytanie #39:

Happier Than God mówi nam, że życie wyraża się zasadniczo na pięć sposobów. Jakie to sposoby?

Odpowiedź #39:

1. Energia Przyciągania, z której czerpiemy moc.
2. Prawo Przeciwności, które stwarza nam sposobność.
3. Dar Mądrości, któremu zawdzięczamy wnikliwość.
4. Radosne Zachwycenie, która napędza wyobraźnię.
5. Cykliczność, która zapewnia nam wieczność.

Odnośnik do cytatów uzasadniających tę odpowiedź:

Happier Than God, str. 54, 55

...

Pytanie #40:

Jakie są Cztery Fundamentalne Pytania Życia?

Odpowiedź #40:

1. Kim jestem?
2. Gdzie jestem?
3. Dlaczego tu jestem?
4. Co zamierzam w związku z tym zrobić?

Odnośniki do cytatów uzasadniających tę odpowiedź:

When Everything Changes, Change Everything, pytania na stronach 185, 190, odpowiedzi na stronach 190–199; również w *The Storm Before the Calm* jako cztery z Siedmiu Prostych Pytań. Pozostałe trzy:

1. Jak to możliwe, że siedem miliardów przedstawicieli gatunku uchodzącego za wysoko rozwinięty pragnie tego samego – przetrwania, bezpieczeństwa, pokoju, pomyślności, szczęścia i miłości – i nie jest w stanie tego osiągnąć, *nawet po tysiącach lat starań*?
2. Czy jest może coś, czego nie do końca rozumiemy, jeśli chodzi o Boga i Życie, a zrozumienie czego zmieniłoby wszystko?
3. Czy jest może coś, co nie do końca rozumiemy, jeśli chodzi o *nas samych* i naszą tożsamość, a zrozumienie czego zmieniłoby wszystko?

....

Pytanie #41:

Wymień przynajmniej 10 z 17 Kroków, dzięki którym staniesz się Szczęśliwszy niż Bóg.

Odpowiedź #41:

1. Zakończ Teologię Separacji (str. 206).
2. Bądź w kontakcie z Moją Prawdziwą Istotą (str. 209).
3. Przysparzaj innym doświadczeń, do których dążę (str. 210).
4. Miej świadomość, że nic, co widzę, nie jest rzeczywiste (str. 212).
5. Uznaj, że nie jestem swoją „historią" (str. 213).
6. Miej same preferencje (str. 216).
7. Dostrzegaj we wszystkim doskonałość (str. 220).
8. Nie dawaj się wciągnąć w dramaty (str. 221).
9. Zrozum smutek (str. 223).
10. Przestań wadzić się z życiem (str. 225).
11. Wyzbądź się wszelkich oczekiwań (str. 227).

12. Bądź wyrozumiały dla siebie (str. 228).
13. Głoś moją prawdę, gdy tylko ją poznam (str. 229).
14. Obserwuj energię chwili, chwytaj wibracje (str. 231).
15. Uśmiechaj się (str. 223).
16. Śpiewaj (str. 234).
17. Wiedz, co robić, kiedy sprawy przybiorą naprawdę *zły* obrót (str. 235).

Odnośnik do cytatów uzasadniających tę odpowiedź:
Happier Than God, str. 206–235 (zestawienie; poszczególne wyjaśnienia na stronach podanych wyżej)

....

Pytanie #42:
Wymień Dziewięć Zmian, Które Mogą Zmienić Wszystko

Odpowiedź #42:

1. Zmień swoje postanowienie, że jesteś zdany tylko na siebie (str. 29).
2. Zmień wybór emocji (str. 57).
3. Zmień wybór myśli (str. 65).
4. Zmień wybór prawd (str. 70).
5. Zmień sposób myślenia o zmianie (str. 161).
6. Zmień pogląd na to, dlaczego następuje zmiana (str. 173).
7. Zmień nastawienie do przyszłych zmian (str. 218).
8. Zmień pogląd na życie (str. 238).
9. Zmień tożsamość (str. 272).

Odnośnik do cytatów uzasadniających tę odpowiedź:
When Everything Changes, Change Everything, str. 7 (zestawienie; poszczególne wyjaśnienia na stronach podanych wyżej)

....

Pytanie #43:

W życiu doświadczamy Rzeczywistości na trzech różnych poziomach. Nazwij te Trzy Rzeczywistości.

Odpowiedź #43:

1. Zniekształcona rzeczywistość.
2. Postrzegana rzeczywistość.
3. Najwyższa rzeczywistość.

Odnośnik do cytatów uzasadniających tę odpowiedź:

When Everything Changes, Change Everything, str. 66, 131, 132

Pytanie #44:

Jakie trzy rodzaje Prawdy tworzy Umysł?

Odpowiedź #44:

1. Wyobrażoną Prawdę.
2. Pozorną Prawdę.
3. Rzeczywistą Prawdę.

Odnośnik do cytatów uzasadniających tę odpowiedź:

When Everything Changes, Change Everything, str. 71, 131, 132

Pytanie #45:

Jak przebiega Linia Przyczynowości?

Odpowiedź #45:

Zdarzenie + Dane + Prawda + Uczucie = Doświadczenie = Rzeczywistość

Odnośnik do cytatu uzasadniającego tę odpowiedź:
When Everything Changes, Change Everything, str. 70

....

Pytanie #46:
Jakie dodatkowe cztery składowe dodaje do Linii Przyczynowości Dusza?

Odpowiedź #46:
Perspektywa + Percepcja + Wiara + Postawa = Doświadczenie

Odnośnik do cytatu uzasadniającego tę odpowiedź:
When Everything Changes, Change Everything, str. 208

....

Pytanie #47:
Dlaczego w twoim życiu następują zmiany?

Odpowiedź #47:
Wszelkie zmiany następują, ponieważ tego pragniemy, po to, żeby zapewnić sobie możliwość dalszego ewoluowania. Życie to proces, a ten proces to nic innego jak Zmiana. (Zmiana to obwieszczenie przez Życie, że pragnie trwać i rozwijać się. Zmiana to fundamentalny impuls samego Życia.)

Odnośnik do cytatu uzasadniającego tę odpowiedź:
When Everything Changes, Change Everything, str. 168

....

Pytanie #48:

Uzupełnij następujące zdanie: Wszelka zmiana jest...

Odpowiedź #48:

... zmianą na lepsze. (Nie ma czegoś takiego jak zmiana na gorsze.)

Odnośnik do cytatu uzasadniającego tę odpowiedź:

When Everything Changes, Change Everything, str. 158

....

Pytanie #49:

Jakie są Trzy Dziedziny w Królestwie Boga?

Odpowiedź #49:

1. Dziedzina Duchowości (zwana również Dziedziną Absolutu i Dziedziną Wiedzy).
2. Dziedzina Fizykalności (zwana również Dziedziną Względności i Dziedziną Doświadczenia).
3. Dziedzina Czystego Bytu (zwana również Dziedziną Fizychuwości, połączenie Fizykalności i Duchowości).

Odnośnik do cytatów uzasadniających tę odpowiedź:

When Everything Changes, Change Everything, str. 191, 192, 195, 196

....

Pytanie #50:

Jak brzmi jedno najważniejsze przesłanie *Rozmów z Bogiem*?

Odpowiedź #50:

Wszyscy stanowimy Jedno. (Często pada też pytanie: „Jak brzmi przesłanie Boga dla świata?". Odpowiedź: „Zrozumieliście mnie zupełnie na opak".)

Odnośniki do cytatu uzasadniającego tę odpowiedź:

Księga 1 (i Neale Donald Walsch w programie *The Today Show* na NBC)